LA
PVCELLE
DORLEANS.
TRAGEDIE

A PARIS,

Chez {
ANTHOINE DE SOMMAVILLE, en la Ga-
lerie des Merciers, à l'Escu de France,
&
AVGVSTIN COVRBE', en la mesme Gale-
rie, à la Palme.
} Au Palais.

M. DC. XXXXII.
AVEC PRIVILEGE DV ROY.

540

(1)

Extraict du Priuilege du Roy.

PAr Grace & Priuilege du Roy, donné à Paris le 8. iour d'Auril 1642. signé, Par le Roy en son Conseil, LE BRVN, il est permis à Augustin Courbé Marchand Libraire à Paris, d'imprimer ou faire imprimer vne piece de Theatre, intitulée *la Pucelle d'Orleans*, durant cinq ans : Et deffences sont faites à tous autres d'en vendre d'autre impression que de celle qu'aura fait faire ledit Courbé, ou ses ayans cause, à peine de trois mil liures d'amende, & de tous ses despens, dommages & interests, ainsi qu'il est plus au long porté par ledit Priuilege.

Et ledit Courbé a associé audit Priuilege Antoine de Sommauille, aussi Marchand Libraire à Paris, suiuant l'accord fait entr'eux.

Acheué d'imprimer le quinziesme iour de May 1642.

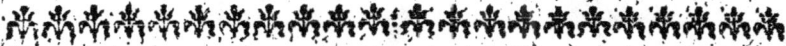

PERSONNAGES.

L'ANGE.

IEANNE D'ARCQ. ditte la Pucelle d'Orleans.

LE COMTE DE VARVIC,

LE DVC DE SOMMERSET,

LE BARON DE TALBOT,

CANCHON,

MIDE,

DESTIVET,

} Anglois.

LA COMTESSE DE VARVIC,

DALINDE. sa confidente.

GARDES,

SOLDAS.

PEVPLE.

La Scene est dans la Cour du Château de Roüen.

LA PVCELLE D'ORLEANS,

TRAGEDIE.

ACTE PREMIER.

SCENE I.

L'ANGE, LA PVCELLE.

L'ANGE.

Le Cid s'ouure par vn grand éclair, & l'Ange paroist.

Ainte fille du Ciel, Pucelle imcomparable,
De ton Prince affligé le secours adorable,
Quitte pour vn moment la charge de tes fers,
Et sors par ma faueur de tes cachos ouuers,
Vien apprendre de moy ma derniere assistance
Et de ton sort heureux la plus belle ordonnance,
Dans les tristes horreurs de cette épaisse nuit
Voy ce long trait de feu qui vers moy te conduit,

A

Marche, marche & beny l'éclair que ie t'enuoye,
Pour tracer à tes pieds vne agreable voye.

LA PVCELLE.

Quels nouueaux sentimens d'vn celeste bon-heur
M'ouurent l'ame & les sens à la voix du Seigneur?
Hà i'entens & ie voy son diuin interprete
Qui me va declarer sa volonté secrette.

L'ANGE.

Escoute seulement, & ne t'étonne pas;
Par les ordres du Ciel, au milieu des combas
I'ay soutenu ta force & conduit ton espée
Contre les oppresseurs de la France vsurpée;
En prison, sus ta vie & contre ton repos
Le conseil des meschans a fait de vains complos,
I'ay mis ton innocence au dessus de leur rage,
Et ie me trouue au bout de mon illustre ouurage:
Mais il me reste encore au point où ie te voy
A te fortifier toy mesme contre toy,
Dieu voulant de ton sort te rendre la maistresse
Ordonne à ma vertu d'appuyer ta foiblesse,
Et de porter ton cœur à de hauts mouuemens
Au delà de ta force & de tes sentimens.
Ce fut pour obeïr à la toute-puissance
Que ma main t'éleua d'vne basse naissance,
Apliquant ton courage à ces nobles emplois
Où ton bras genereux par tant de grans exploits

De Charles ruiné r'établit les affaires,
Et le fit remonter au throne de ses peres ;
Fille & simple Bergere, on te vit d'vn grand cœur
Faire craindre par tout ce Monarque vainqueur,
Et traîner apres toy l'honneur & la victoire
Dépoüillant de Lauriers tout le champ de la gloire.
Par des faits inoüis merueilleux en leur cours
Qu'on ne croira iamais & qu'on lira toûjours.
Tu n'as plus maintenant de Monarque à deffendre,
De bataille à gagner, ny de ville à reprendre,
Et tout ce qui te reste en ce dernier effort,
C'est de parestre ferme & voir venir la mort.
Elle vient, elle acourt, & par cette journée
Ta prison se termine & ta vie est bornée.

LA PVCELLE.

Que Dieu fasse de moy tout ce qu'il en résout,
I'adore ses decrets, & ie suis preste à tout.

L'ANGE.

Fille heureuse & sans prix, qui malgré tant d'obstacles
As faict du Dieu viuant les celebres miracles,
I'apporte de tes maux l'entiere guarison
Et pour t'ouurir le Ciel ie t'ouure la prison.
En cet endroit fatal tu seras condamnée,
Et dans ce mesme endroit tu seras couronnée,
Contre toy l'iniustice éleuera son bras,
Elle t'outragera, mais tu la confondras

Et ta sainte inocence auant que l'on l'oprime
Mesme en son Tribunal fera trembler le crime:
Tu n'apprehenderas supplice, ny tourment
Si tu cognois la main qui rompt dans vn moment
En dépit des méchans, tes prisons criminelles,
Puis qu'elle peut sur eux ce qu'elle a fait sur elles;
Oüy, tu leur ietteras la honte sur le front
Et tu les iugeras quand ils te iugeront.

　Songeant à leur fureur ne crain point ta foiblesse,
Car si dans le besoin l'eloquence te laisse,
Là mon heureux secours esprouué tant de fois
Soûtiendra ta pensée & conduira ta voix.

　　Où si dans mes faueurs tu manques de refuges
Et que t'abandonnant au pouuoir de tes Iuges
Mon secours au dehors te quitte desormais,
Souffre l'ordre d'enhaut, ne murmure iamais;
Puis qu'elle vient du Ciel laisse choir la tempeste,
Et soumets à ses coups ton inocente teste,
Ton ame ira d'vn vol & plus noble & plus promt,
Elle en sera plus grande & ses forces croistront.

　　En ce coup genereux d'esprit & de courage
On verra triompher & ton sexe & ton aage,
La mort t'aparestra sous le masque trompeur
Dont elle se déguise afin de faire peur,
Tu l'enuisageras sans que ton cœur fremisse,
C'est la mesme à la guerre, & la mesme au suplice,
Et celle que tu vis au milieu des combas
Dans ce martyre sainct ne degenere pas.

Nos lasches ennemis que tu combles d'enuie,
Attendent que ta mort fasse honte à ta vie,
Mais ta noble vertu souffrira son destin,
Et toute genereuse ira iusqu'à la fin.

Donc pour te disposer, puis que Dieu le commande
A ce dernier combat dont ta palme est si grande,
Et si fort importante à quiconque est vainqueur,
Par tes yeux à ta peine accoûtume ton cœur.
En voila dans les airs une image tracée,
Ocupe là dessus tes yeux et ta pensée,
Et lisant dans ce vague où ton fort est escrit,
Renforce ta vigueur, r'anime ton esprit,
Voy le brillant tableau du funeste suplice
Qu'à ta saincte vertu prepare l'iniustice.
Il te faudra franchir ces brasiers que voila,
Et pour aller au Ciel tu passeras par là,
Voy la foule d'un peuple autour d'une innocente,
Qui dans l'ardeur des feux demeure si constante,
Tasche de l'imiter iusqu'à son moindre trait,
Et que l'original soit digne du portrait.

Icy paroi-
stra en per-
spectiue vne
femme dãs
vn feu allu-
mé, & vne
foule de
peuple à l'é-
tour d'elle

LA PVCELLE.

Flames, ie veux souffrir vostre ardeur violante,
Ha qu'en me consommant vous me rendrez brillante,
Mon ame fera voir contre vos traits puissans
Ma resolution plus forte que mes sens.

L'ANGE.

Va, poursuy, ie te laisse, ô fille trop heureuse,

A iij

Pardessus tout le sexe, & forte, & courageuse,
Ie remets ta conduite à ta seule vertu,
Et reprens le sentier que i'ay tantost batu,
Regarde en m'en allant où la gloire seiourne,
Tu t'en iras bien-tost par où ie m'en retourne,
Afin d'y receuoir vne felicité
Rayonnante d'honneur & d'immortalité.

SCENE II.

VN GARDE, LA PVCELLE.

VN GARDE *entrant & demeurant estonné.*

D'Où vient ce grand éclat ?

LA PVCELLE.

        ô belle & sainte voye
Qui meine au clair seiour de l'eternelle ioye,
Que ie m'esleuerois d'vn vol doux, & plaisant,
Et que le corps à l'ame est vn fardeau pesant.
Ie suis preste à te suiure, ô bien-heureux genie,
Sacré consolateur de ma peine infinie,
Illumine mon cœur par le zelle aueugle,
Et que ma passion n'ait rien que de reiglé,
Donne moy de la force en ces viues atteintes,

Et ſoûtiens mes deſirs auſſi bien que mes craintes,
Acheue promptement ces dangereux combas
Puis que mon bien dépend de haſter mon treſpas.

GARDE

Qu'elle grāde clarté, mais dieu, qu'elle ombre obſcure! Tout s'é-
La ſorciere peut bien cauſer cette auenture,
Et ſe voulant ſoûtraire à la garde de tous,
Faire ce iour pour elle, & cette nuit pour nous.
Ha ! ie la tiens.

SCENE III

LE COMTE DE VARVIC.

Qᵛoy ? qu'eſt-ce ?

GARDE

elle eſtoit échapée,
Et c'eſt heureuſement que ie l'ay r'atrapée,
La force de ſon art auoit eu le pouuoir
Que ſans ſe faire ouïr & ſans ſe faire voir,
Quoy que bien éueillé, chacun fit garde aux portes,
Seule elle auoit rompu ſes chaînes les plus fortes.

LE COMTE

Laiſſe moy ſeul icy, retire toy plus loin,
Ie te r'appelleray ſil en eſt de beſoin.

GARDE

Ie vous dois obeyr en ſerviteur fidelle,
Mais ſes charmes ſont forts, ayez bien l'œil ſur elle.

❀❀❀❀❀❀❀❀❀❀❀❀❀❀❀❀❀❀❀

SCENE IIII.

LE COMTE DE VARVIC. LA PVCELLE.

LE COMTE

Vous verray-je touſiours au point où ie vous
voy?
Faudra-t'il que touſiours vous doutiez de ma foy,
Et que la paſſion dont mon cœur vous reſpecte
Vous ſoit tout à la fois inutille & ſuſpecte?
Pourquoy vous engager à tant de vains efforts
Si vous auez deſſein de vous mettre dehors?
On peut rompre aiſément vos pratiques ſecrettes,
Et trop de gens ont l'œil ſur tout ce que vous faites.
Sortez-vous du Chaſteau pour forcer la priſon?
La liberté vous plaiſt & non pas ſans raiſon,
Pour vous la faire auoir i'y puis plus que perſonne,

Si

Si vous la desirez, hé que ie vous la donne,
Esprouuez s'il vous plaist en cette occasion
L'effect de mon credit & de ma passion.

LA PVCELLE.

Comte, ces grands explois où tant de gloire brille
Quoy que miens ne sont pas l'ouurage d'vne fille
Et cette liberté que tu m'offres icy
Des hommes ne peut pas estre l'ouurage aussi.
Celuy-là qui m'éprouue auecque l'esclauage
Autant de fois qu'il veut m'en tire & me soulage,
Il aplique vn remede aux maux que i'ay souffers,
Et quand i'en ay besoin c'est luy qui rompt mes fers.
Mon Ange bien-heureux m'a luy mesme amenée
Pour m'aprendre qu'icy ie seray condamnée,
Icy dans ce lieu mesme, & dans ce mesme iour,
Et toy mesme, oüy toy qui me parles d'amour,
Et qui passionné m'offres de vains refuges,
Toy mesme encore vn coup seras vn de mes Iuges,
Assez tendre il est vray pour me vouloir du bien,
Pour déplorer l'estat d'vn sort comme le mien,
Et pour n'aprouuer pas ma mort illegitime,
Mais trop lâche en effect pour resister au crime.

LE COMTE.

Que vous me faites tort & que vous m'outragez,
Ne iugez pas de moy comme vous en iugez,
Acceptez le secours que vous voyez parestre,

B

J'estant de ce Château le Seigneur & le maître,
Seul pour vôtre salut ie pouray plus que tous,
Faites vn peu pour moy, ie feray tout pour vous.

Au reste mon amour vous est assez cognüe,
Vous auez veu cent fois mon ame toute nüe,
Et cent fois en feignant de vous interroger
Ie ne vous ay parlé que pour me soulager,
En vous faisant vn don de mon ame asseruie
I'ay remis en vos mains mes thresors & ma vie,

Mais pour vous témoigner que i'ay tout fait exprés,
N'ay-ie pas fait entrer dedans vos interests
Ce genereux Talbot, ce courage inuincible
Qui pour vostre salut tenteroit l'impossible?
N'ay-ie pas retardé l'arrest de vostre mort
Pour trouuer vn moyen de vous conduire au port?
Ha! ie brûle pour vous d'vne amour toute extreme,
Et l'on n'ayma iamais de l'air dont ie vous ayme.

LA PVCELLE.

Tu m'aimes ie le sçay, si ton intention
Est de me témoigner qu'elle est ta passion,
Ne m'en asseure point en des termes friuoles,
Ie la voy dans ton cœur mieux que dans tes parolles,
C'est à dire ie voy, plustost ce mouuement
En son impureté qu'en son déguisement.

Tu m'aimes ie le sçay, ton ame se consume,
Mais d'vn feu qui fait honte à celle qui l'alume,
Puis qu'il souffre vn espoir lâchement combatu

Et que ie voy qu'il dure auprés de ma vertu,
Voy, Comte, à quel exceʒ ton procedé m'offence;
Tu n'as pû me iuger de publique Sentence
Sous le nom de Sorciere, tu n'as pû hautement
Au sentiment commun ioindre ton sentiment,
Et tu m'as bien traitée auec plus d'infamie,
Et tu m'as bien traitée en mortelle ennemie
Quand ce coupable cœur que tu me veux cacher
M'a iugée en secret capable de pecher.
  Il me semble en effet que ta main me poignarde
Quand ie te considere & que ie me regarde.
  Charles m'a veu brillante au milieu de sa Cour
Où cent ieunes Seigneurs ne songeoient qu'à l'amour,
Sans que le plus hardy de la seule pensée
En voyant ma vertu l'ait iamais offencée.
I'ay vescu dans le camp parmy cent escadrons,
Et là ma pureté n'a point receu d'affrons;
Cet illustre Dunois, ce genereux Xaintrailles,
La Hire & Baudricour, vrais foudres des batailles,
Et tant d'autres encor' que tant de gloire suit,
Seuls en leurs pauillons, dans l'ombre de la nuit
A la guerre où l'on voit la licence effrontée,
N'ont point eu de penser qui ne m'ait respectée,
Ils m'ont tousiours cherie & de l'ame & du cœur,
Et mon honnesteté leur a tousiours fait peur.
Ie me glorifirois d'vn visage incapable
De faire des méchans, si tu n'estois coupable,
Mais de ce que i'impute à ma saincte beauté

I'en doy remercier leur generosité
Qui n'a pû faire outrage à la chaste inocence
D'vne fille où le Ciel auoit mis leur deffence,
C'est à ta lâcheté d'en violer les lois,
Et ton crime vrayement est digne d'vn Anglois;
Quelque affront si cruel que ton amour me fasse,
Ie n'en deuois iamais attendre plus de grace,
Et ie puis voir sans honte & sans étonnement
Qu'vn de mes ennemis m'aime imparfaitement.

LE COMTE

O le reproche indigne ! ô la fiere constance !
O de tant de respect l'ingrate récompence !
Hé quoy vous obliger est-ce vous faire tort ?
Ce n'est qu'en vous seruant que parest mon transport,
Vous ne voyez ce feu qui vous met en colere
Qu'au trauers du plaisir que ie tasche à vous faire
Voulant comme ie veux vous tirer de prison,
Si ie n'ay point de tort, vous n'auez pas raison,
Aimer vostre beauté c'est s'éloigner du crime,
Et la seruir luy rendre vn deuoir legitime.

LA PVCELLE

Quoy tu pretens couurir sous tant de feins discours
Vn cœur qui veut pécher & qui péche tousiours ?
Tu sçais trop à quel point ta passion m'offence
Et ie ne parle à toy qu'apres ta conscience.

TRAGEDIE. 13

Ton amour il est vray montre quelque amitié,
Tu me vois mal-heureuse, & ie te fay pitié,
Ce feu quoy que méchant n'a pas tant de fumée
Qu'il ne t'éclaire à voir que ie suis oprimée,
Et tu le publierois si tu n'auois point peur
Qu'vne belle action fit tort à ta grandeur.
Aussi comme ton cœur repugne à mon suplice
Du crime de ma mort plus scrupuleux complice,
Possible meritant vn moindre châtiment
Le regret de ma mort sera tout son tourment,
Possible vn droit plus fort que l'iniustice humaine
De ton propre peché fera ta propre peine.
Va meurs donc en repos comme d'autres mortels,
Et non pas en fureur comme les criminels.

LE COMTE.

A ce funeste coup ie vous voy preparée
Comme si vostre affaire estoit desesperée,
Mais ie vous iure bien que depuis vostre arrest
On n'a rien pratiqué contre vostre interest.

LA PVCELLE.

Rien ? sans que ie m'amuse à te le faire entendre
Le Duc, & Destiuet s'en vont bien te l'aprendre.

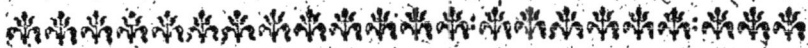

SCENE V.

LE DVC DE SOMMERSET DESTIVET,
LE COMTE DE VARVIC. LA PVCELLE.

LE GARDE.

LE DVC DE SOMMERSET.

Comte, quel eſt ſon art ? aprénez m'en le nom,
Soûtenez vous encor le party du démon ?

• LE COMTE

Qu'eſt-ce ? & qu'a télle faict ?

LE DVC.

        charmer les yeux d'vn garde,
Esbloüir, aueugler de peur qu'on la regarde,
Diſpoſer à ſon gré du iour & de la nuit,
Forcer vne priſon, rompre des fers ſans bruit,
Ne proûue pas aſſez l'execrable commerce
Qu'auecque tout l'enfer cette ſorciere exerce ?

LE COMTE.

Est-ce donc qu'on l'acuſe, & qu'il eſt de beſoin
Qu'en l'acuſation ie ſois vn faux teſmoin?

GARDE.

I'ay dit ce que i'ay veu.

LE COMTE.

     Seigneur, le faut-il croire
Ce grand bruit de magie, & la nuit vn peu noire
Ont pû troubler ſes ſens comme arreſter ſes pas
Et luy faire reſuer tout ce qui n'eſtoit pas:
Les eſpris vn peu forts ne s'arreſteront gueres
Aux ſottes viſions de ces ames vulgaires,
Pour moy ie n'ay rien veu, qu'on ne pretende point
Forcer ma conſcience à mentir ſur ce point,
Et que malicieuſe en ſoy meſme elle inuente
Mille fantomes noirs contre cette inocente.

LE DVC.

Inocente?

LE COMTE.

Il parest en effect qu'elle l'est,

LE DVC.

Vous ne serez pas seul à faire son arrest.
Garde, conseruez bien cet obiect de nos haines,
Remenez l'inocente, & la chargez de chaines
Iusqu'à tant que l'affaire ait vn succez parfaict.

GARDE.

Ie n'en sçaurois respondre apres ce qu'elle a faict.

LA PVCELLE.

Va, va ie te respons moy mesme de moy mesme,
Et ne veux plus tromper ta vigilance extreme,
Comme l'ordre du Ciel a fait ma liberté
Mon propre mouuement fait ma captiuité.
Le sacré directeur qui prend soin de ma vie
Me dégageant des fers où i'estois asséruie
A rompu ma prison pour offrir à mes yeux
La resolution écrite dans les Cieux
Et vous m'y renuoyez de l'endroit où nous sommes
Afin de me cacher la volonté des hommes;
Mais vous n'auancez rien quoy que vous essayez,
Puis que ie la cognoy deuant que vous l'ayez.

SCENE

SCENE VI.

LE DVC DE SOMMERSET. LE COMTE
DE VARVIC. DESTIVET.

LE DVC DE SOMMERSET.

COmte, vous faites trop pour cette miserable.

LE COMTE

Faire pour l'inocence est vne œuure loüable.

LE DVC

Vn autre sentiment vous fait-il point agir?
N'en faites pas le fin, & gardez de rougir,
On dit qu'elle n'est pas l'obiect de vostre haine,
Et qu'à l'interroger vous prenez trop de peine,
Vous la pressez beaucoup, & nous promettez bien
De nous découurir tout, mais vous n'en faites rien,
Et vous nous en parlez dans vne impatience
De la iustifier qui tire à consequence.
Prenez-y garde, Comte, oubliez ce transport
Qui ne vous met pas bien dans l'esprit de Bethfort.

C

LE COMTE.

Mon ame en son deuoir demeure confirmee,
Encore qu'elle plaigne vne sainte oprimee.

LE DVC.

Donnez à cette infame vne autre qualité,
Et retenez vn peu vostre esprit emporté.
Quand obeïrons nous au mandement celeste,
Qui veut qu'on extermine vne fatale peste?
Attendrons nous qu'elle aille au millieu des François
Ramener sus nos bras ce dangereux Dunois?
Orleans, Iargeau, Melun, ses villes reconquises
Nous feroient redouter ses moindres entreprises;
Quoy les chams de Paty funestes aux Anglois
Boiront-ils nostre sang vne seconde fois?
Faut-il à nostre honte ajouter cette marque
Qu'elle empesche Paris de voir nostre Monarque,
Elle qui deuant nous nos efforts estans vains,
Mena Sacrer son Roy dans la Ville de Reims?
Ie veux qu'à ce mal-heur mon courage s'opose,
Ne le pas empescher c'est en estre la cause,
De l'Estat & de nous chassons ce mal bien loin.

Vous, braue Cheualier, aportez y du soin, ¶ Il parle à Desliaci.
Mais ie vay trauailler au bien de l'Angleterre,
Allez faire assembler tout le Conseil de guerre,

Suffisamment instruits de ce faict signalé
Celuy de nos Prelas n'y sera plus meslé ;
Qu'elle soit deuant tous condamnée & punie,
Il y faut aporter cette ceremonie
Comme vn long tesmoignage à la posterité
Et de son insolence, & de nostre equité.

DESTIVET.

Rauy de ce dessein i'y cours en diligence.

LE DVC.

Comte, vous y deuez aussi vostre presence,
Et l'on attend beaucoup de vostre iugement
Pour l'Estat & pour vous.

LE COMTE.

N'en doutez nullement.

SCENE VII.

LE COMTE DE VARVIC seul.

Qvoy tu crois que ie l'aime, & tu pretens encore
Que ie forme vn suplice à celle que i'adore,
Tu veux que ie la iuge auec tant de rigueur ;

C ij

Tu veux que mon esprit assassine mon cœur,
Tu fais tout pour sa mort, c'est toute ton enuie,
Et ie veux aujourd'huy faire tout pour sa vie.
Oüy, mon cœur, ose tout auecque tant d'amour,
Rens luy sa liberté, conserue luy le iour,
Haste-toy tu le peux, l'ocasion est chauue,
Que tout puisse perir pourueu que ie la sauue.
Mais quand ie l'auray mise entre les bras des siens,
Ay-ie pour la fléchir de plus heureux moyens?
Si ie n'ay rien gagné l'ayant en ma puissance,
Quand elle en sortira, i'auray moins d'esperance,
Ce sera seulement par cette inuention
R'enforcer sa pudeur contre ma passion.

Vn autre sentiment dans ma pensée arriue,
Qu'elle passe en Guyenne, & la que ie la suiue.
Mais serons nous tous deux moins tourmentés aussi
Des Anglois de Bordeaux que des Anglois d'icy?
De mille soins diuers l'embaras me surmonte,
Holà! qu'vn de mes gens fasse venir Aronte,
Vn bon expedient m'est venu dans l'esprit
Qu'il executera quand ie l'auray prescrit.

(marginal note, left:) Il resue vn peu.

(marginal note, left, lower:) Il resue vn peu.

※※※※※※※※※※※※※※※※※※※※※※※※※

SCENE VIII

ARONTE

SEigneur, vous puis-ie rendre

TRAGEDIE 24

LE COMTE.

Vn seruice fidelle,
Le Duc a resolu la mort de la Pucelle,
C'est resoudre la mienne, en cette extremité
Voicy ce que i'ordonne à ta fidelité.
Pour l'Escosse auiourd'huy tu quites ce riuage,
Et tu prens mon vaisseau pour faire ton voyage,
Fay donc auec adresse aprocher ce vaisseau
Tout contre le iardin qui regarde sur l'eau,
Puis viens secrettement à la petite porte,
Par vn garde affidé ie pretens faire en sorte
D'y mener la Pucelle & la faire venir
Comme si ce n'estoit que pour l'entretenir,
Ce garde pourra bien te prêter assistance,
En cas que mon ingrate vse de resistance,
Mets la dans ce vaisseau, puis quand tu la tiendras
Conduy la seurement au lieu mesme où tu vas,
Et là i'iray trouuer ce miracle des belles
Quand mon impatience aura de tes nouuelles.

ARONTE.

Ie suis prest à tout faire en toute ocasion.
Mais si l'on vous conuainc de cette euasion?

LE COMTE.

Ie la veux deliurer de ce peril funeste,
Sauuons là seulement nous penserons au reste,
Et puis l'on peut donner cette fuitte au hazard
Où plustost l'imputer aux effets de son art
Qui fait quand elle veut & l'ombre & la lumiere,
Et le peuple m'excuse en l'auoüant sorciere.

ARONTE.

Conduisez vostre affaire auec dexterité,
Et soyez en repos sur ma fidelité.

Fin du premier Acte.

ACTE II.

SCENE PREMIERE.

LA COMTESSE DE VARVIC, DALINDE,

LA COMTESSE DE VARVIC.

Dalinde, ils n'y sont plus, nous les verrions
parestre,
Où par quelque trait noir la sorciere peut-estre
Le caiole à nos yeux, le tient entre ses bras.
Que nous n'en voyons rien, où ne l'entendons pas.
Ne les voy-tu point ?

DALINDE.

Non, mais ie sçay d'asseurance
Qu'ils ont eu dans ce lieu fort longue conference.
Aussi dans le iardin vous auez faict vn tour
Qu'il falloit bien plustost faire dans cette cour.

LA COMTESSE.

Mais y sont-ils venus ?

DALINDE.

N'en doutez point, Madame,
Et croyez que le Comte auec toute sa flame
Ne laisse pas pourtant d'estre bien aüise,
Craignant encore vn coup de se voir exposé
A souffrir où reproche, ou censure nouuelle
Il a de bon matin faict r'entrer la Pucelle
Et luy mesme est r'entré de peur que le grand iour
En cette ocasion ne trahit son amour.

LA COMTESSE

Il n'est pas messeant que l'ombre son amie
Couure ma propre iniure & sa propre infamie
O Ciel qui dois fournir le secours que i'atens,
Faudra-t'il que ie souffre encore bien long-temps!
Et verras tu sans cesse vne ame déloyale
Manquer impunément à la foy coniugale!
De mon lit inocent les inocens plaisirs
Ne font que reputer ses infames desirs.
Aimer son ennemie au mespris de sa femme,
Mais de quelques douceurs qu'elle flatte son ame,
N'en doit-il pas tout craindre en viuant sous les lois,
Elle est tousiours Françoise, & luy tousiours Anglois
Les baisers qu'elle donne à sa brutale enuie,
Sont des partis secrets formez contre sa vie,

Ses

Ses caresses, ses ris, ses ieux desordonnez,
Et ses plus doux regars sont traits empoisonnez.
Vne fille perduë & d'abiecte naissance,
Vne simple Bergere, auoir tant de puissance,
Mais que n'est-elle sage, & d'illustre maison,
Enfin que n'ay-ie tort & que n'a-t'il raison,
Oüy, ie souhaiterois pour l'interest du Comte
Qu'elle eut plus de merite & qu'il eut moins de honte,
I'ayderois volontiers moy-mesme à me trahir?
En elle il n'ayme rien que ce qu'on doit hair,
Il prise des attraits que l'Enfer luy procure,
Et cherit seulement ce qui la deffigure.

DALINDE

Il montre en vous quitant qu'il est ensorcelé
Et que dans son amour le Demon s'est meslé;
Elle n'a point les traits dont vous estes pourueüe.

LA COMTESSE

Dalinde, ie le pense & c'est ce qui me tuë,
S'il se pouuoit gagner par la seule beauté
Ie croirois l'emporter sans trop de vanité,
Auec assez de soin le Ciel fit mon visage,
Mais celle-cy qui met tout l'Enfer en vsage
A mille faux apas dont elle le suprend
Et m'en oste possible à l'heure qu'elle en prend.

D

Mesme elle me fait peur, i'en sens mon ame émue
Et i'ay peine à le voir quand ie sçay qu'il l'a veuë
Tant i'ay suiet de craindre auec iuste raison
Qu'elle n'ait dans ses yeux coulé quelque poison,
Ie tremble s'il me touche & tout mon sang se gele,
Ie le croy tout en fer quand il vient d'aupres d'elle,
Et ie ne pense voir que venins, que serpens,
A longs plis tortueux autour de moy rampens.

Souffriras-tu sans cesse, ô femme infortunée !
Ha ! que n'estois-ie icy quand on l'a condamnée,
Le Baron de Talbot, & mon ingrat époux,
N'auroient pas fait pour elle vn châtiment si dous,
I'aurois pressé la mort de cette criminelle,
Souleué tout le peuple & les soldats contre elle,
Et Bethfort qui gouuerne en titre de regent
Auroit donné soudain d'autres sommes d'argent
Dont feignant me seruir pour apuyer sa ligue
I'aurois adroitement soutenu mon intrigue.

Lâcheté de mon sexe, à quoy me reduis-tu !
Où plustost incommode & fâcheuse vertu,
Qui ne me permets pas d'aller punir la faute
Et de manger son cœur pour celuy qu'elle m'oste !

DALINDE

Iusqu'icy vostre esprit a paru tres-discret
A ressentir ce mal & le tenir secret,
Ne le diuulguez pas, Madame, & prenez garde
Que vous vous emportez & que l'on vous regarde.

SCENE II.

LE BARON DE TALBOT. CANCHON.
MIDE. LA COMTESSE DE VARVIC.
DALINDE.

CANCHON.

ENfin pour la punir de ses honteux excés
La sorciere nous force à reuoir son procés
Et l'effort qu'elle a fait pour se voir dégagée
Nous oblige à presser . . . .

LA COMTESSE.

Comment, cette enragée
A commis en prison quelque forfait nouueau?

MIDE.

Quand elle n'auroit fait qu'enuoyer au tombeau
Tant de cœurs genereux, & tant d'hommes vtilles,
Quand elle n'auroit fait que reprendre nos Villes
Par vn art au dessus de tout humain pouuoir,
C'est trop peu que la mort pour vn acte si noir.

LA COMTESSE.

Mais a-t'elle fait plus?

CANCHON.

Sans bruit, sans violence
Elle a rompu ses fers.

LA COMTESSE.

Grand Dieu qu'elle insolence?
Et qu'a-t'elle allegué pour couurir ses desseins?

CANCHON.

Des chimeres en l'air, des Anges, & des Saints.

LA COMTESSE.

Ses Iuges ont grand tort.

CANCHON.

Pour moy, ie n'ay pû taire
Qu'au bien de nostre Estat sa mort est necessaire.

MIDE.

Et moy i'ay toûiours dit qu'il estoit à propos

De la sacrifier pour le commun repos.

LA COMTESSE.

Heureux d'en estre au point de soûtenir encore
Ce digne sentiment que la Patrie honore !
Si l'on aprend l'effort qu'elle a tenté la nuit,
Quel trouble ie vous prie excitera ce bruit ?
On dit que le pouuoir qu'exerce la Iustice
Arreste des Demons la force & la malice,
Et que dans les cachots ils ne peuuent plus rien,
Mais la Iustice mesme est au dessous du sien.
S'il faut que les François sçachent cet auantage,
L'espoir de son retour enflera leur courage,
Quand le bruit de sa force entre eux éclatera
L'orgueil ira chez eux ; l'effroy nous restera.

LE BARON

Si la Iustice humaine est si foible contre elle,
Il parest que le Ciel combat pour sa querelle,
Autrement on pouroit la ranger au deuoir
Et son art enchainé resteroit sans pouuoir.

LA COMTESSE.

Aussi remarquez bien qu'au point où la fortune
A mise entre nos mains cette peste commune,

D iij

Elle a comme on a veu tout soudain arresté
Le cours impetueux de sa prosperité,
Et que par sa prison des mouuemens contraires
Ont changé tout à coup la face des affaires,
Nos cœurs pour la victoire ont pris vn nouueau feu
Et l'orgueil de la France a fléchy tant soit peu
Au lieu qu'auparauant la fortune obstinée,
Sembloit à nostre honte estre determinée,
Et qu'à cette furie ornement du Sabat
Ce n'estoit qu'vn de vaincre & d'aller au combat,
Témoignage assez clair de sa noire conduite
Qui luy faisoit trainer tout l'Enfer à sa suite.

LE BARON

Examinons-là bien sur ce qui s'est passé,
Que nostre iugement soit desinteressé,
Voyons cette méchante & cette abominable
A qui le droit ordonne vn suplice effroyable,
Mais ne la voyons point comme ses ennemis.
Quoy n'a-t'elle pas fait tout ce qu'elle a promis?
Elle a dit que d'enhaut elle estoit enuoyée
Afin de rassurer vne Ville effroyée
Et triompher dans Reims du Sacre de son Roy,
N'a-t'elle pas mis fin à l'vn & l'autre employ?
Auec combien d'honneur en est elle sortie?
Qui n'a veu sa valeur? qui ne l'a ressentie?
Elle nous a forcez, a rompu nos desseins

Iusqu'à faire tomber les armes de nos mains,
Le courant de sa gloire a brisé tous obstacles,
Et bref sa seule main a fait ces grands miracles
Dont la posterité des siecles à venir,
Sans nous faire un affront ne se peut soutenir.

    Mais dés qu'elle entreprend par delà sa promesse
Sa vaillance decline, & sa fortune cesse,
On voit diminuer tout ce qu'elle a de grand,
Elle manque Paris, on la blesse, on la prend
Enfin d'une personne où tant de gloire brille
Et d'un cœur de heros ce n'est plus qu'une fille
Qui ne peut soutenir l'honneur de ses exploits.
Genereuse pourtant, mais fille toutefois.

    Est-ce point que le Ciel qui tient sans violence
Les interests humains en egale balance,
Pour maintenir cet ordre au iugement de tous
A mis Charles debout aussi bien comme nous,
Et qu'il veut à present dans l'estat où nous sommes
Laisser faire le reste à la force des hommes?
Certes quoy qu'il en soit, c'est toûiours un grand bien
De tenir la Pucelle où parest leur soûtien,
Ne faisons pas mourir cette illustre personne,
Vsons mieux d'un thresor que la guerre nous donne,
Et tant que nous pourons, gardons nous d'engager
La colere du Ciel au point de la vanger.

LA COMTESSE.

Dans cette cause-cy tout le monde soupçonne
Que vous ne panchez pas au bien de la Couronne.

LE BARON.

Le Comte vostre époux n'est pas mauuais Anglois,
Et nostre sentiment est le sien toutefois.

LA COMTESSE.

Ne le prenez pas là, c'est vne sage ruse
Dont fort adroitement nous sçauons bien qu'il vse
Afin de découurir par cette inuention
Le secret important de chaque intention.
Mais à ce que t'aprés vous voulez donc l'absoudre?

LE BARON.

C'est vn point qu'à loisir il me faudra resoudre.
Mais ie veux qu'en tout cas la seule verité
Regle mon iugement selon l'integrité.

CANCHON.

Ie veux regler le mien pour l'estat non pour elle.
MIDE.

MIDE.

Moy ie seray bon Iuge estant suiett fidelle,

LA COMTESSE.

Souffrez que ie vous mene en mon apartement,
Le Duc de Sommerset y vient dans vn moment,
Là soûtenez, ensemble en hommes forts & sages
Des resolutions dignes de vos courages.

✿✿✿✿✿✿✿✿✿✿✿✿✿✿✿✿✿✿✿✿✿✿✿✿✿

SCENE III.

LE COMTE DE VARVIC seul.

Acheue, acheue, Amour, ton ouurage auancé,
Et le fay reüßir comme il a commancé.
I'ay veu passer ma Roine auecque son escorte
Dans le petit Iardin & iusques à la porte:
Or comme l'on me sert auec beaucoup de soin,
Ie ne doy pas douter qu'elle ne soit bien loin.
    Beau caprice du Dieu qui me charme & me blesse!
Tout mon repos dépend de quitter ma Maistresse,
Si ie la possedois, ie n'en ioüirois pas,
Et la bien éloigner c'est la mettre en mes bras.
Ie mourray de plaisir si iamais cette belle

Recognoiſt dignement ce que i'ay fait pour elle,
Elle n'oubliera point vn ſeruice ſi grand
Sçachant bien que ce coup que ma main entreprend
Empeſche que ſur elle vn triſte arreſt n'eclate,
Et puis qu'elle eſt parfaite elle n'eſt pas ingrate,
Ioint qu'elle a tant d'eſprit qu'elle cognoiſtra bien
Qu'il faut que l'on ſoulage vn feu comme le mien
Qui gourmandé peut eſtre auecque violence
Iroit iuſqu'à la force & iuſqu'a l'inſolence.
Mais elle aura pitié d'vn amour ſi conſtant,
Ie l'aimeray ſi bien, ie la preſſeray tant
Qu'elle m'acordera le bon-heur où i'aſpire :
Ainſi i'auray ce bien comme ie le deſire,
Puis que tout le ſecret & l'aſſaiſonnement
Des plaiſirs amoureux eſt le conſentement.

SCENE IV.

LE COMTE. VN GARDE.

LE COMTE.

H E' bien, Garde ?

GARDE.

Seigneur, d'vne adreſſe aſſez promte

Ie l'ay mise à la porte où l'attendoit Aronte :
Mais lors que de sa bouche elle a le tout apris,
Sautant à mon épée elle nous a surpris,
Aronte a pris la fuite, & cette porte ouuerte
Assez heureusement à diuerty ma perte.

LE COMTE

Ha traistres !

GARDE   Elle entre.

La voicy, parlez-luy si vous plaist,
Elle vous peut conter la chose comme elle est.

✳✳✳✳✳✳✳✳✳✳✳✳✳✳✳✳✳✳✳✳✳✳✳✳✳✳✳✳

SCENE V.

LA PVCELLE l'épée à la main.

O Lâches, qui seruiez la fortune & le crime,
Mon honneur glorieux n'est pas vne victime
Que l'on puisse immoler que par vn coup sanglant
A la brutalité de ce Maistre insolent.
Tien, ramasse ton fer, ie l'aime & suis rauie
Qu'il me sauue vn thresor qui vaut mieux que ma vie
Vrayment, Comte, ie voy tes esprits empeschez

Apres de grands desseins & qui sont fort cachez,
Quand ie n'aurois pas eu cette diuine grace
De lire dans leurs cœurs ce que le Ciel y trace,
Ie pouuois recognoistre assez facilement
Dans tout leur procedé tout lâche sentiment.
Pour m'amener à toy des cachos on me tire
M'asseurant que ta bouche a beaucoup à me dire,
Et quand ie suis sortie on ne te peut trouuer,
Tes lâches confidens s'offrent à me sauuer,
Et ceux qui font agir ces secrettes pratiques
Sont ceux qui m'ont vanté tes flames impudiques.
Si ie penetre apres dans ton intention,
Si ie cognois apres qu'elle est ta passion,
Et de quel mouuement ta pensée est regie,
Croy que ie le deuine & que c'est par Magie.

LE COMTE.

Hé bien, cruelle fille, il est vray mon dessein
Estoit de vous sauuer par vn coup de ma main
I'ay voulu vous oster la mort & l'infamie,
Vous serez vous toûjours si mortelle ennemie
Que pour vostre salut on n'ose pas agir,
Ou qu'en le confessant il en faille rougir?
Il est icy besoin d'vser de diligence,
Si vous tardez vn peu, tout est sans esperance,
Retournez sus vos pas, entrez dans ce vaisseau
Et mettez vostre vie à la mercy de l'eau,

Sauuez vous pour la France en ce danger extreme,
Mais plutost que pour tout sauuez vous pour vous
mesmes

LA PVCELLE.

Dy plutôt pour toy mesme & sans tant m'éprouuer
Dy moy que ie me perde afin de te sauuer,
Dy moy que ie defere à ta brutale enuie,
Elle fait tout le soin que tu prens de ma vie,
Pour moy son interest la faisoit trauailler
Et tu sauuois le bien que tu voulois piller,
Et ie m'assure bien que ton ame effrontée
Au plus haut de l'espoir insolemment montée
Dans son idée affreuse a desia triomphé
Sur le honteux debris d'vn honneur étouffé.

LE COMTE.

Vous dire que pour vous mon feu n'est pas extreme,
Que ie ne vous sers pas parce que ie vous aime,
Seroit vous soûtenir vn mensonge trop grand
Car l'vn & l'autre enfin n'est que trop aparent.
Mais que ma passion fut si deffectueuse,
Que vous la crussiez forte & non respectueuse,
En cela vos soupçons la pouroient outrager
Plus que vostre bonté ne la peut soulager,
Ie sçay qu'en vous seruant ie trauaille à me plaire,

E iij

Et ce but de plaisir qui me doit satisfaire
A vostre iugement c'est vn monstre d'enfer,
Mais regardez ce monstre auant que l'étouffer,
Vous verrez que le bien que mon cœur se propose
N'est que de vous voir libre & d'en estre la cause:
En effect quel plaisir de vous faire éuiter
Le courant du mal-heur qui vous veut emporter.

LA PVCELLE.

Ie cognoy ton adresse, ame au vice ocupée,
Et dans l'impureté tout à fait détrempée,
N'ayant pas acheué ce complot odieux
Tu veux me rassurer pour me surprendre mieux,
Mais les intentions tant de fois reprochées
Et des tiens & de toy ne me sont point cachées,
De celles des premiers le succés s'en va fait,
La tienne seulement n'aura point son effet,
Tous fors toy gagneront à ma triste auanture,
Car Dieu veut que ie meure & que ie meure pure,
Et quand leur cruauté disposera de moy
Il me suscitera des forces contre toy
Et ne permettra pas que le cours de ta rage,
Emporte ma pudeur à son triste naufrage,
Ma résolution seroit ferme en ce point
Oüy quand mesme le Ciel ne la soutiendroit point,
L'ame qu'il m'a donnée est vne ame heroïque,
Qui toute genereuse & s'acroist & se pique

Par les difficultez dont elle vient à bout
Et ma chasteté seule est plus forte que tout.
   Ie voy les tiens & toy disputer ma personne,
Et pour te faire voir combien ma cause est bonne
I'appelle à mon Conseil en cette ocasion
Ta generosité loin de ta passion ;
Quand i'auray pris le soin de conseruer ma vie
Il faudra dans vn temps qu'elle me soit rauie,
Car me faisant mourir, à toute extremité
Ils ne font que presser vne necessité
Et sauuant mon honneur ie conserue vne chose
Qui triomphe du temps, & dont rien ne dispose :
Ne vaut-il donc pas mieux estre de leur côté
S'ils me laissent vn bien à toute eternité
Que de m'assuiettir au dessein de te plaire
Pour en posseder vn qui ne durera guere
Encore trauersé de honte & de remors
Qui viue me rendroient plus morte que les morts.
   Que diroient les François si tu m'auois vaincuë
Eux qui n'ont triomphé que parce qu'ils m'ont veuë ?
Qu'elle honte seroit-ce à cent respectueux
Qui trembloient deuant moy si tu faisois plus qu'eux ?
Ce qui n'est que fureur seroit-il pas iustice
Et ne serois-ie pas digne de mon suplice ?
Mais si ton fol amour est si tendre pour moy
Qu'il ne puisse pas voir l'estat où ie me vay,
Oste à mes ennemis l'effet de leur enuie,
Laisse-moy mon honneur ; dérobe leur ma vie,

Sans croire que l'effort de ta brutalité
Vsurpe iamais rien fur mon honnesteté,
Et couure ma vertu d'vne honte infinie
Me rendant mal-heureufe & iuftement punie.

LE COMTE

Quoy voulez-vous vous perdre, & ne ferez vous riē
Pour vous intereffer dans voftre propre bien?

LA PVCELLE

Non, méchant, c'en eft fait, tout de ce pas ordonne
Qu'on me remette aux fers & qu'on me r'emprifonne
Deuant que Sommerfet & le peuple arriuez.

LE COMTE

Mais quoy, tout eft perdu, fi vous ne vous fauuez,
N'allez pas vous remettre en des mains fi barbares
Et daignez pardonner à des beautez fi rares.

LA PVCELLE

Fay ce que ie te dis, ou ie leur aprendray
L'effet de leurs foupçons, méchant, ie te perdray.

LE COMTE

Puis que par elle mefme elle mefme eft trahie
Garde, remenez-la, qu'elle foit obeye,
Tout ce que ie puis faire & confus & troublé
C'eft de la proteger au Confeil affemblé.

Fin du fecond Acte.

ACTE

❀❀❀❀❀❀❀❀❀❀❀❀❀❀❀❀❀❀

ACTE III.

SCENE PREMIERE.

LE DVC DE SOMMERSET
LE COMTE DE VARVIC.

LE COMTE

ON sçait nostre iustice & nous deuons ce semble
En conseruer l'estime au fait qui nous assemble.

LE DVC

Oüy, nous deuons monstrer que nostre iugement
Pour le bien de l'Estat la sçait rendre hardiment.

LE COMTE

Nous la rendrons pour nous auec vn soin extreme.

LE DVC.

Quand on fait pour l'Estat c'est faire pour soy mesme.

F

LE COMTE

On croit faire pour-soy comme en estre l'apuy
Qu'il arriue souuent qu'on se perd auec luy.

LE DVC

En ne retardant pas nous luy rendons seruice.

LE COMTE

La Iustice pressée est souuent iniustice.

LE DVC

Mais la precipiter est vn coup genereux,
Quand la trop retarder est vn coup dangereux.

LE COMTE

Quelquefois en pressant le succés d'vne affaire
On se forme vn vray mal d'vn mal imaginaire.

LE DVC

Apellez vous ainsi les effects du danger
Où ce Demon d'Enfer tasche à nous engager.

LE COMTE

Ie dy que sans raison par fois on s'épouuante.

LE DVC

La frayeur d'vn Estat est tousiours importante.

LE COMTE

Mais quand par iniustice on l'en tire souuent,
La vengeance qui suit l'y remet plus auant.

LE DVC

Bien bien, Comte, i'ay tort, cette fille est sans tache,
Mais ces cœurs genereux & qui n'ont rien de lâche   Ils entrent
Qui dans le Tribunal vont auec nous s'asseoir,   tous par di-
N'ignorent pas sa faute, & sçauent leur deuoir   uers en-
Tous vos beaux sentimens pour cette criminelle   droits, &
Ne vous auancent pas & ne font rien pour elle.   prennent
                                                          leur place.

LE COMTE a part soy.

Puis que ma charité produit vn vain effort,   Elle entre.
Du moins ne faut-il pas qu'elle me fasse tort.
Helas pauure inocente, où seront tes refuges
Si dans tes ennemis tu rencontres tes Iuges?
Au pitoyable estat où nous te reduisons
Cherche de la constance & non pas des raisons.

F ij.

✦✦✦✦✦✦✦✦✦✦✦✦✦✦✦✦✦✦✦✦✦✦

SCENE II

LE DVC DE SOMMERSET. LE COMTE
DE VARVIC. LE BARON DE TALBOT.
DESTIVET, MIDE, CANCHON,
LA PVCELLE, & GARDES.

LE DVC

QV'on la fasse venir. Auance, miserable,
Dans ton aueuglement n'es-tu pas déplorable
Que le premier Arrest foudroyé contre toy
N'ait sçeu pour le second te donner de l'effroy,
Et que ta malheureuse & coupable insolence
Ait iusques dans les fers braué nostre puissance,
Au lieu de l'émouuoir à la compassion?
Parle, parle, & répons à l'accusation.

LA PVCELLE

Ie parle, Sommerset, non pas pour te répondre,
Ie parle seulement afin de te confondre,
Vn diuin mouuement qui me transporte icy
Ordonne que ie parle & qu'on m'écoute aussi.
Ie sçay que le Soleil éclaire la iournée
Qu'on verra l'innocente au supplice menée,

Mais voſtre iniquité triomphante qu'elle eſt
N'a pas encore atteint l'heure de mon Arreſt :
Ce grand Dieu dont la voix paſſe par mon organe
Veut que ie vous acuſe, & que ie vous condamne
De cents forfaits écris en des lettres de ſang,
Et que voſtre fureur me condamne à ſon rang.
  Donc tenez pour vn temps voſtre bouche muette
Soyez au Tribunal comme ſur la ſellette,
Et là ſi vous parlez, ne parlez ſeulement
Que pour vous auoüer conuaincus iuſtement.

LE DVC

L'inſolente! & pourtant ie ne ſçay quoy me preſſe
De quitter là ſa cauſe où l'Enfer s'intereſſe,
Et de luy demander quel eſt noſtre forfait.

CANCHON.

Parle & reproche nous ce que nous auons fait.

LA PVCELLE

Le premier d'entre tous eſt voſtre inuſte guerre,
C'eſt le crime commun à toute l'Angleterre,
Auriez vous pu forger mille noirs attentas,
Entrer à main armée au cœur de nos Eſtas,
Embraſer nos Citez, rauager nos Prouinces,
Abatre nos Autels, & déthroner nos Princes

Pour vous faire regner sur vne nation
Où vous n'auiez de droit que vostre ambition,
Sans vous abandonner à toute l'insolence
Qui contre la raison arme la violence?
Et les sanglans effets de tant d'impietez
A qui sont-ils qu'à vous iustement imputez?

LE DVC.

A vous mesme, à vous qui voulez mécognoistre
Pour vostre souuerain nostre glorieux maistre,
Luy dont le grand courage & le ressentiment
De vostre felonnie exige le serment,
Et dont le bras armé reprend vne couronne
Qui par le droit du sang passoit en sa personne,
Puis qu'il a bien raison de vous donner des lois
Comme estant descendu des filles de vos Rois.

LA PVCELLE.

Pretexte iniurieux & digne du tonnerre
Contre l'ordre du Ciel & les loix de la terre,
Qui dans les faussetez assez visiblement
D'vn estat bien reglé sappe le fondement,
C'est à ce sage autheur de tout ce qui respire
D'éleuer & d'abattre vn florissant Empire,
D'en former à son gré la ruine ou l'apuy,
Et ces grands changemens n'appartiennent qu'à luy,
Quand Dieu fait les Estats il inspire luy mesme

Ce vieil & premier droit sur qui le diademe
Establit son pouuoir auecque fermeté,
Et le regle aux humeurs du peuple surmonté,
Si bien qu'elle est plustost cette loy souueraine
Vn decret tout diuin, qu'vne pensee humaine,
Et la vouloir enfraindre est vne impieté,
Or de vostre forfait telle est la qualité,
  Les François de tout temps ont eu de fortes ames
Qui n'ont iamais ployé dessous le ioug des femmes,
L'autorité du Ciel a de son propre doit
Ecrit la Loy Salique ou se fonde le droit
Que les hommes tous seuls ont sur vne couronne
Qu'à des hommes tous seuls nostre courage donne,
Loy Sainte en son principe & la Reyne des lois,
Loy toute venerable à tous les autres Roys.
N'allez pas presumer que nous ayons vos taches,
Nous sommes genereux & vous estes des lâches,
Le ioug que vous portez est bien digne de vous
Il faut vn foible empire à des courages moûs
Et dans cette bassesse ou croupissent vos ames
Femmes, vous faictes bien d'obeyr à des femmes
Et de remettre ainsi la domination
Dans les mains du caprice & de la passion.
  Vous en aurez vn iour vne marque pressante
Sous vne femme altiere & cruelle & puissante
De qui l'impie orgueil tant qu'elle regnera,
Foulera les Autels & vous oprimera
  Cependant fremissez en écoutant les peines

Qui suiuront de bien prés vos rages inhumaines,
Le Ciel iusques icy nous a punis par vous
Et vostre ambition a seruy son couroux,
Mais nos maux vont finir, cette mort déplorée
Du grand Duc de Bourgongne est enfin reparée,
Elle ne parle plus contre son meurtrier
Et le Sang répandu cesse enfin de crier.
La paix regne entre nous, & nos armes sont prestes
A vous faire lâcher vos iniustes conquestes,
Le Ciel que vostre orgueil regarde auec mépris
Veut que dans peu de temps vous sortiez de Paris
Et qu'emportant sur vous vne entiere victoire
Nous rendions vostre honte égale à vostre gloire.

LE DVC.

Nous ne serons pas mesme à Londres seurement.

LA PVCELLE.

Au lieu de m'interrompre écoute seulement.
Loin de continuer ces hautes entreprises
Il faut abandonnant nos places reconquises
Que vostre ambition se presse dans l'enclos
De ces murs composez d'orages & de flos.
Oüy, genereux Dunois, attente de l'Histoire,
Tu n'en es pas encore au comble de ta gloire,
Ie te voy, d'vn courage égal à ton pouuoir

Faire

Faire pour la patrie vn merueilleux deuoir,
Et replanter les lis d'vne force hardie
Aux champs de la Guyenne & de la Normandie,
Oüy, ie te voy, la Hire, ardent le fer en main
Apuyer dignement son glorieux dessein;
Oüy, Brezé, ie te voy vaincre tout où tu passes,
Dans le cours d'vn Soleil tu regagnes vint places,
Et ta iuste loüange éclate d'vn haut son
Qui porte iusqu'au Ciel la gloire de ton nom,
Nom qu'on verra fleurir apres quarante lustres
Noble & fameuse tige à cent branches illustres.
Enfin ie vous voy tous, inuincibles guerriers,
Emporter à l'enuy des forests de lauriers,
Ie voy Charles remis au throne de ses peres
Et son peuple en repos apres tant de miseres
Goûter paisiblement le bien-heureux effet
De ce que i'ay predit & de ce que i'ay fait.

LE DVC.

Ces presages sont faux & pourtant ils m'étonnent.

CANCHON.

A des excés trop grands ses fureurs s'abandonnent.

LA PVCELLE.

Ie n'ay pas fait encore, & ie m'adresse à vous
Qui m'outragez ensemble, & qui m'acablez tous,
Qui faites vanité de me voir asseruie,
Et de persecuter vne innocente vie,
Vous m'allez condamner, & vostre iniuste loy,
N'a point d'yeux pour le Ciel ny d'oreilles pour moy,
Innocente ou coupable, il faut que par maxime
Vous suiuiez l'interest du méchant qui m'oprime,
Et la seruile peur de déplaire à Bethfort
Est la seule equité qui preside à ma mort.
    Bien donc executez vostre complot funeste,
Pour acheuer le crime acheuez ce qui reste,
Armez vostre fureur & vostre ambition
Sans écouter la voix de la compassion
Qui vous touche possible & qui vous represente
Que c'est contre vne fille, & qu'elle est inocente,
Ne vous dispencez point d'vn tirannique effort,
Allez à la fortune & passez par ma mort,
Ioignez vous tous ensemble, ô troupe genereuse,
Afin d'estre plus forts contre vne mal-heureuse,
C'est beaucoup meriter, c'est faire vn coup bien grand
Et bien digne apres tout d'vn peuple conquerant.
    Mais de ces procedez ou vostre orgueil m'affronte
I'en auray tout l'honneur & vous toute la honte,
Le feu qu'on me prepare & qu'on m'alume icy

Ne me sçauroit brûler qu'il ne m'éclaire aussi
Et la main des boureaux vtille à ma memoire
Iettant ma cendre au vent dispercera ma gloire.
Ie voy desia le marbre & la bronze éleuez,
Où près de ma vertu vos crimes sont grauez
Mais parce que le marbre & la bronze durable
N'éuitent point du temps la force inéuitable
Qui les dissipe enfin malgré leur dureté,
Et qu'on va par ailleurs à l'immortalité ;
Quand deux siecles passez, rendront ma perte antique
Vn celebre Heros , vn Prince magnifique
Vn Duc tout genereux , heritier à la fois
Des vertus & du nom de ce vaillant Dunois,
Releuera l'éclat d'vne gloire si belle
Et fera trauailler à me rendre immortelle
Par vn ouurage grand & seul semblable à soy
Bien digne de luy mesme & bien digne de moy.

LE DVC.

Espoir faux & trompeur conceu d'vn faux merite
Dont le Demon la flate au moment qu'il la quite !

DESTIVET.

Vn sentiment secret que ie n'ose aprouuer
Me dit que ce mal-heur pouroit bien arriuer.

G.ij

MIDE.

Son esprit agité s'emporte à des chimeres
Dont elle tasche en vain d'adoucir ses miseres.

LA PVCELLE

Il en arriuera de vous tout autrement,
Prétez, prétez l'oreille à vostre chastiment.

A Sommer- *Toy dont le iugement preside à l'iniustice,*
set. *Tu traineras ta vie auec vn long suplice*
Eprouuant tous les iours vn desordre nouueau,
Et tes enfans mouront sous la main d'vn bourreau.
Ce lasche Destiuet dont l'ame est si seruile
Se verra par les siens chassé de cette Ville,
A Mide. *Toy deuenu lepreux souffriras à ton rang*
Et les traits de ton crime iront iusqu'à ton sang.
à Canchon. *Et toy precipité par vne mort soudaine*
Seras vn triste exemple à l'iniustice humaine.
Vos iustes châtimens iront iusques au bout,
En vn mot craignez tout, car vous offencez tout,
Vous aurez sur les bras Ciel, terre, mer, Ange, homme,
Et les foudres de l'air, & les foudres de Romme,
Vn remors eternel, vne longue terreur
·---Elle *Feront de vostre vie vn spectacle d'horreur,*
retire d'elle-
mesme en *Et i'auray pour vangeurs en ma misere extreme*
prison, &
laisse tout *Et vôtre conscience, & mon Prince, & Dieu mesme.*
en frayeur.

✱✱✱✱✱✱✱✱✱✱✱✱✱✱✱✱✱✱✱✱

SCENE III.

LE COMTE DE VARVIC. LE DVC DE
SOMMERSET. LE BARON DE TALBOT.
CANCHON. DESTIVET. MIDE.

LE COMTE *sortant du Tribunal.*

I'Ay le cœur tout remply d'vne sainte clarté
Qui vient de l'inocence ou bien de la beauté
Qu'on voit dessus son front également reluire.

LE BARON, *en sortant aussi.*

Sa puissance m'étonne & ie ne sçay qu'en dire.

LE DVC *descendant du Tribunal.*

A son authorité quel pouuoir est égal?

CANCHON.

Ie tremble quand ie songe au bruit de sa menace.

DESTIVET.

Vn glaçon de frayeur dedans mes veines passe,
I'ay voulu soutenir le commun interest,
Il sort. Mais elle m'a paru toute autre qu'elle n'est.

MIDE.

Mon cœur est agité par vne crainte extreme,
Il sort. Qui fait qu'en cet estat ie m'ignore moy-mesme.

LE DVC *apres auoir vn peu resué.*

Le charme est acheué, ie reuiens d'vn sommeil.
Ha, Comte, falloit-il rompre ainsi le Conseil!
Cette noire vapeur, cette infernale nüe
Ne pouuoit pas long-temps obscurcir nostre veüe,
Maintenant ie la perce & voy tout au trauers,
I'ay l'esprit beaucoup libre & les sens bien ouuers.
Mais ces Iuges charmez se perdent dans la foule,
Ils sont desia bien loin & le peuple s'écoule.
Il faut nous r'assembler, & craignant ces affrons
Pour estre genereux se faire voir plus proms.

SCENE IV.

LA COMTESSE DE VARVIC

Quel trouble est donc le vostre?

LE DVC

Une déroute entiere
Les Iuges enchantez, cedent à la sorciere.

LE BARON

L'inocente plustost, contraint ses ennemis: *Il sort*

LE DVC

Il se faut r'assembler dés qu'on sera remis: *Il sort*

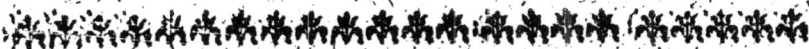

SCENE V.

LA COMTESSE de Varuic. LE COMTE de Varuic.

LA COMTESSE de Varuic.

Vous voila bien content, & ce visage montre
Le plaisir qui vous touche en pareille rencontre,
Vous en auez suiet, & rompre le Conseil
Pour sauuer la Pucelle est vn coup sans pareil.
Mais c'est vne action que ie n'aurois pas crüe
Si de mon cabinet ie ne l'auois bien veuë;
Encor si vostre adresse eut passé plus auant,
Qu'vn autre pour le moins se fut leué deuant,
L'ayant fait par exemple, on n'eut pas sçeu cognoistre
Ce qu'il n'est pas besoin que vous fassiez paroistre.

LE COMTE.

Madame, aucun de nous ne vous peut raporter
Quel est ce mouuement qui l'a tout fait quitter,
Si c'est pour la sauuer, tout vn monde est complice,
De moy, ie n'ay dessein que de rendre iustice.

LA

LA COMTESSE.

Ha Comte ! il n'est plus temps de rien dißimuler,
Et vostre paßion m'oblige de parler,
I'ay souffert, iusqu'icy de fàcheuses contraintes,
Et mes profons respects ont étouffé mes plaintes,
Maintenant qu'il s'agit du repos de l'Estat,
Vn silence plus long seroit vn attentat.

LE COMTE.

Le repos de l'Estat est vn pretexte honneste
A couurir le martel que vous auez, en teste.

LA COMTESSE.

Quand seule on m'offençoit i'ay seulement pleuré,
Ie n'ay pas dit vn mot & i'ay tout enduré
Mais ie serois coupable & i'en courrois le blâme,
Et de mauuaise Angloise & de mauuaise femme
Si lors qu'à tout l'Estat vostre amour est fatal,
Mon deuoir n'apliquoit vn remede à ce mal.
Ha Comte ! éueillez vous & reuenez d'vn songe
Où cette paßion si laschement vous plonge,
Rendez vous à vous mesme & ne permettez pas
Que l'Enfer vous attire auec ses noirs apas
Ny qu'vne simple fille en triomphe vous meine
Et qu'à vostre mal-heur nostre perte s'enchaine.

H.

LE COMTE.

Mais vous mesme plutost conseruez, si vous plaist
Cette haute sagesse à ce haut point qu'elle est
Et que vostre vigueur pour vne fois s'exempte
De prendre tant de soin à perdre vne innocente:
Quand à moy l'equité m'a reduit à ce point
Que ie verray sa faute, ou n'en iugeray point.

Il sort

SCENE VI.

LA COMTESSE seule.

ET moy i'ay resolu de perdre vne méchante
Dont la force m'outrage alors qu'elle i'enchante.
Allons tout de ce pas obliger les Anglois
A r'entrer au Conseil vne seconde fois.

Le Theatre se referme.

Fin du troisiesme Acte.

ACTE IV.

SCENE PREMIERE.

On ouure le Theatre, les Iuges se trouuent assis, & la Pucelle deuant eux.

LA PVCELLE. LE DVC. LE COMTE. LE BARON. CANCHON. MIDE. DESTIVET. SOLDATS. PEVPLE.

LA PVCELLE.

TRiomphez maintenant, l'Eternel abandonne
A vostre iniquité ma vie & ma personne,
Et l'heure est arriuée ou l'iniustice peut
Soûmettre l'inocence à tout ce qu'elle veut.
Mais sans qu'à mon bon droit ma raison se confie
Comme Iuges souffrés que ie me iustifie,
Ce n'est pas que par là i'échape à mon tourment,
Mais pour vous témoigner que le Ciel iustement
S'apreste à vous punir de tout ce qu'on m'impose,
Et ie plaide pour luy quand ie deffens ma cause.

H ij

Parlez donc hardiment & faites si vous plaist
Que ie sçache mon crime.

LE DVC.

Hé tu sçais quel il est.
Te faut-il renuoyer à ta mechante vie,
Pour te faire auoüer comme c'est nostre enuie
Que ta noire magie est ce crime odieux
Et qui te rend l'horreur de la terre & des Cieux?

LA PVCELLE.

Par le premier Arrest où l'on m'a condamnee
Cette acusation s'est desia terminee,
Elle est peu vray-semblable & l'iniustice au moins
La deuoit apuyer de quelques faux témoins.
Voyez comme à me perdre vne ardeur trop extrême
Presche mon innocence & fait contre vous mesme
Iamais iusqu'à ce point imprudence n'alla,
On m'appelle sorciere, on en demeure là,
Et faisant contre moy nouuelle procedure
Au lieu de m'acuser on me dit vne iniure,
Que n'auez vous des gens qui viennent faire bruit,
Et dire qu'ils m'ont veuë au milieu de la nuit,
Errante écheuelee arracher des racines,
Ramasser des serpens sous de vieilles ruines,
Murmurer toute seule, aller dans les tombeaux,

Faire pâlir d'horreur les celeste flambeaux,
Bref, qu'ils ont veu cent fois ma science employée
A remettre au cachos la nature effroïée :
Dites qu'estant Bergere on m'apperçeut vn iour
Comme i'empoisonnois les troupeaux d'alentour,
Et qu'en guerre i'ay fait par mes pratiques noires
Que mes enchantemens ont passé pour victoires.
   Pour me les confronter que n'auez vous icy
Ce fameux Iean de Mehung, & ses pareilles aussi,
Dont vostre tirannie a iugé que les chârmes
Pouroient à ma ruine estre d'vtilles armes :
Peut-estre ils vous diroient quel estoit mon Demon,
Quel estoit son pouuoir, & quel estoit son nom.
Mais, ô malice aueugle, ou certes impuissante!
On n'a point aposté cette troupe méchante,
Où l'on n'a pas eu droit en cette extremité
Dè là faire parler contre la verité.

LE DVC.

Voyez qu'elle est sçauante en cet art detestable,
Par sa propre deffence elle se rend coupable,
Mais qui pourroit douter de ton pouuoir fatal?
Et qui ne cognoist pas dans ton pays natal
Ce prodige fameux, ce grand arbre des Fées
Où restent de ton art les infames trophées?

LA PVCELLE.

Quoy c'est là tout le but de l'acusation ?
Et pour le fondement de mon opreßion
Vous en estes reduis à forger ces chimeres
Et vous me condamnez sur des contes de meres ?
Ces Fées ont causé mes illustres exploits
Et par des ieux d'enfans i'ay vaincu les Anglois ?
Adroitte inuention ! pretexte magnifique !
Et belle couuerture à la rage publique !

LE DVC.

Parle sans te railler & dy combien de faits
Ou mesme du penser on n'atteignit iamais
Parmy les plus puißans & les plus grands courages
Ont esté toutefois tes vulgaires ouurages ?
Quand ie penße ou s'est veu Charles & son Estat
Auant que ce prodige au monde fit éclat,
Et que ie voy là gloire & de l'vn & de l'autre
Depuis que sa puißance a supplanté la nostre
Ie ne sçay qui me tient que de ma propre main
Ie ne vange sur elle vn trouble si soudain.
Au point où la fortune affligeoit ce Monarque
Bourges de son Empire estoit la seule marque,
La France alloit ceder de l'vn à l'autre bout,
Il ne poßedoit rien car nous poßedions tout,

Et nos armes faisoient sur les riues du Loire
Auancer à grands pas nostre naissante gloire.

Mais dés que cette rage a pour luy combatu,
On voit reprendre cœur à sa foible vertu,
On le voit rétablir ses forces consommées
Et remettre sus pié de nouuelles armées,
Et les Villes enfin ont cette lascheté
De reprendre le ioug qu'elles auoient quitté,
Sa force qui de soy n'osoit tant se promettre
Nous iette à bas du Throne afin de l'y remettre,
Enfin il faut tout rendre aprés auoir tout pris
Et nous en voir au point de deffendre Paris.

Répons, fille enragée, & qu'en nostre presence
Ta bouche soit d'acord auec ta conscience,
A moins que le Demon t'aidast à nous brauer
Le Siege d'Orleans se pouuoit-il leuer?
Le Sacre de ton Roy qui te rendit si vaine
N'alla-t'il pas plus loin que la puissance humaine?
As tu pû toute seule, & par ton seul abord
Ietter dans nostre camp la frayeur & la mort?
Et ce Cerf enchanté qui sur la plaine verte
Dans les Champs de Patay commença nostre perte
Quand à nostre dommage on te vid triompher,
Nous pouuoit-il venir d'ailleurs que de l'Enfer?

LA PVCELLE.

Puis que vos sentimens si mauuais interpretes

Imputent à l'Enfer les choses que i'ay faites,
Pour preuues de magie alleguant mes exploits,
Souuenez-vous aussi de ce braue Dunois,
Ce genereux sorcier commandoit les armées,
Son exemple & sa voix les rendoient animées,
Il vous portoit la mort & la honte & l'effroy,
Faites luy son procés tout de mesme qu'à moy;
Sans que par mon trespas sa gloire se retarde,
Son charme ira plus loin si vous n'y prenez garde
Et tout ce que i'ay fait si glorieusement
De tout ce qu'il doit faire est l'ombre seulement.
   Aprés tout, quel dessein vous oblige à reprendre
Vne acusation que i'ay bien sçeu deffendre?
Et quand i'aurois failly, la prison en tout cas
Par mon premier Arrest me punit elle pas?

DESTIVET.

Oüy, mais tu l'as rompuë, & l'on doit d'autres peines
Au captif qui trauaille à sortir de ses chaines.

LA PVCELLE.

Le desir d'estre libre est naturel à tous
Parce que la franchise a des apas bien doux,
Ne me condamnés point en pareille auenture,
Où faittes le procés à toute la nature,
Si vous me punissez pour sortir de prison

Vous

Vous puniſſez auſſi les loix & la raiſon,
Il eſt vray que ie ſers de preuue pitoyable
Comme vos cruautez n'ont rien d'inuiolable.
   Mais quel crime ay-ie fait en cette ocaſion ?
Ay-ie contribué pour mon éuaſion ?
Mes fers ſe ſont briſez dans l'ombre & le ſilence,
Mais eſt-ce par ma faute ? ay-je fait violence ?
Ay-ie forcé la porte ? ay-ie ſauté le mur ?
D'vne celeſte main c'eſt l'ouurage tout pur ;
Faites reuenir l'Ange où mon apuy ſe fonde
Et ſur ſon propre fait que luy meſme il réponde.

CANCHON.

   O blaſpheme ! impudente , oſes-tu ſi ſouuent
Nous alleguer encore & nous mettre en auant
Des reuelations dont cette troupe ſage
Auec tant de raiſon t'a deffendu l'vſage ?

LA PVCELLE.

   Elles viennent du Ciel , ſuis-ie libre en ce point,
Et puis-ie les auoir , ou ne les auoir point ?
Puis-ie clore la bouche au moment qu'il me l'ouure,
Et taire les ſecrets qu'il veut que ie découure ?
Quand par vn ordre exprés de la Diuinité
Ie fus trouuer mon Prince en ſa neceſſité,
Qu'entre ſes Courtiſans ie l'allay recognoiſtre

I

Pour luy dire à quel point sa grandeur deuoit estre,
Ce fut par vne grace à qui i'ay dû ceder
Et que i'obtins du Ciel sans la luy demander;
Ainsi continuant d'estre oisiue & muette,
Qu'elle rebellion mon ame eût-elle faite?

MIDE.

Faut-il pour la conuaincre vser de tant d'efforts?
Son crime éclate assez, dessus son propre corps,
Ces restes d'vn habit dont son sexe elle offence,
Et qu'elle garde entor contre nostre deffence,
Sont de iustes témoins qui parlent deuant nous.

LA PVCELLE.

Ay-ie obtenu iamais d'autres habis de vous?
Mais iusques à la mort ie veux bien qu'on remarque
Dessus mon vestement vne si digne marque
De cette illustre force & de ce grand pouuoir
Que sur tant de grands cœurs le Ciel m'a fait auoir.
Si comme vne Iudith il m'auoit enuoyée,
I'aurois à ce besoin mon adresse employée
Auec tous ces apas dont le sexe est prisé
Et pour vn bon suiet i'en aurois abusé;
Il n'est rien de charmant, rien de doux au visage,
Où i'aurois essayé de le mettre en vsage
Pour faire aller au but mon genereux dessein;

Et mes yeux bien menez auroient conduit ma main,
Bref, i'aurois épuisé cette molle industrie
Et de la mignardise & de l'affeterie.
  Or, n'estant point venuë afin de vous tenter,
Mais bien pour vous cōbatre & pour vous surmōter,
Et remettre des miens par vne iuste audace
La generosité sur sa premiere trace,
Il m'a falu changer suiuant vn bon Conseil
Des marques de foiblesse en vn fier appareil,
Ainsi me déguisant i'ay voulu que la feinte
D'vn aspect emprunté commençast vostre crainte,
Et d'vn sexe contraire à cette noble ardeur
I'ay quitté l'aparence & non pas la pudeur.

MIDE

Quoy ce pretexte faux, & dont tu t'es seruie,
Couure l'impureté de ta méchante vie ?

LA PVCELLE

  Perdez mon innocence & ne l'épargnez point,
Mais ne m'outragez pas iusques au dernier point
Que d'offencer ma vie en la nommant impure
Puis que vous n'en auez preuue ny coniecture,
Le iugement des miens vous peut estre suspect,
Mais pour vne Princesse ayez quelque respect,
Cette illustre beauté, noble sang de Bethunes,

I ij

Chez qui i'ay soulagé mes tristes infortunes ;
De tout ce que ie suis ved des signes certains
Auant que son époux m'eut remise en vos mains ;
Que n'a-t'elle point fait afin de s'en instruire ?
Elle mesme en ce lieu pourroit mieux vous deduire
Par qu'elle adroitte épreuue elle n'a point tenté
Mon esprit, ma constance, & ma pudicité,
Son témoignage seul vous aprendroit peut-estre
Ce que ie tasche en vain de vous faire cognoistre,
Puis qu'à mon grand mal-heur vous faites vanité
De n'estre pas icy pour voir la verité.

CANCHON

La raison la plus forte est tousiours la derniere,
Estant nostre ennemie & nostre prisonniere
Nous est-il pas permis de te donner la mort ?
Parle.

LA PVCELLE

Oüy certes, oüy i'en demeure d'accord,
Mon innocence icy n'a rien à vous répandre ;
En cela seulement vous la pouuiez confondre ;
Ie puis de vostre main receuoir le trépas
Dans vostre tribunal comme dans les combas
Pourueu que la fureur hautement vous anime
Et vostre haine ouuerte amoindrit vostre crime.

Oüy, oüy, l'épée au poin venez tous contre moy,
Qui ne vous donne plus de matieres d'effroy,
De plus de mille coups vangez autant d'iniures,
Et remettez le fer dans toutes mes blessures,
Ce sera cruauté qu'vn mouuement si promt,
Mais au moins on dira, des ennemis la sont
Vne ombre d'equité couure cette furie,
En vsant autrement, regardez, ie vous prie,
A quel iniuste effort vous vous engageriez,
Ie suis vostre ennemie & vous me iugeriez :
Ie ne releue point de la loy de vos Princes,
Et si i'estois coupable en toutes vos Prouinces
Ie trouuerois chez vous vne protection,
C'est le droict qui s'obserue en toute nation.
Mais quoy, pour m'imoler à la secrette rage
Dont ce cruel Bethfort iniustement m'outrage,
Vostre raison esclaue est sourde à l'equité,
Et vous n'écoutez rien que vostre lascheté.

LE DVC

En vain par la pitié tu tasches à nous prendre,
On t'a fait trop de grace en te laissant deffendre,
Et nous ne deuions pas nous assembler expres.
Gardes, remenez-la, qu'on la veille de prez. *Elle entre.*

I iij

SCENE II.

LE DVC DE SOMMERSET. LE COMTE
DE VARVIC. LE BARON DE TALBOT.
CANCHON. MIDE. DESTIVET. SOLDAS.
PEVPLE.

LE DVC DE SOMMERSET.

ICy, braues Anglois, c'est à vostre courage
A calmer de l'Estat le plus pressant orage,
Aucun empeschement ne vous détourne plus,
L'art de cette méchante est demeuré perclus,
Et ce dernier Conseil si different de l'autre
Montre que son pouuoir est esclaue du nostre,
Chaque esprit à la fin r'alume sa clarté,
Et nostre iugement reprend sa liberté.

LE BARON

Ainsi tous nos auis seront hors de contrainte.

LE DVC.

Il est temps que ce monstre ait sa derniere atteinte,
Qu'on vange par sa mort tant d'hommes valeureux,
Et que le sang impur laue le genereux.
  A vous bien regarder i'ay peine de cognoistre
Quels sont vos sentimens & quels ils peuuent estre,
Mais ie troûüe pour moy sans haine & sans transport
Que cette mal-heureuse est bien digne de mort.

LE BARON

Il seroit plus seant de rétablir sa gloire,
Taschant de remporter quelque insigne victoire
Que d'en estre reduits à cet étrange point
De punir vne fille ou le crime n'est point,
Quel est ce prosedé ? qui iamais oüyt dire
Qu'vne fille en sa mort vange tout vn Empire ?
Et qu'il faille vn boureau pour essuyer l'affront
Qu'vne si franche guerre a mis sur nostre front ?
Pouuons nous le souffrir sans croistre nostre honte,
Et meriter par là que la France nous domte ?
C'est nostre prisonniere, & ie luy doy le bien
Dont elle m'honora lors que ie fus le sien
Apres qu'elle m'eut pris au fort d'vne bataille,
Et quoy que l'iniustice à sa perte trauaille,
Son plus grand châtiment doit estre la prison.

LE COMTE.

Oüy, nous ne pouuons plus auec iuste raison,
Et c'est faire vn outrage à la mesme innocence.

VN SOLDAT.

Ha traistres !

VN DV PEVPLE.

Ha méchans !

VN AVTRE SOLDAT.

Ils sont d'intelligence.

LE COMTE.

Quoy, Seigneur, souffrez vous qu'en vn acte pareil
Ce peuple & ces soldas prennent part au Conseil ?
Et voulez vous liurer d'vn pouuoir tirannique
Nos libres sentimens à la force publique ?

LE DVC.

Vostre indiscretion qui n'éclate qu'en vain
A cause le desordre & non pas mon dessein,

Apaisez

Apaisez le tumulte & la fureur émüe
En rendant à ce peuple vne seureté düe,
Enfin deliurez-les d'vn mal si dangereux,
Et vous ne serez pas en danger auec eux.

LE COMTE.

Ha, Baron, ç'en est fait, l'iniustice puissante
Acable malgré nous cette pauure innocente.

CANCHON.

Vn suplice vulgaire est encore trop peu
Et son crime doit estre explé par le feu.

DESTIVET.

Il faut selon mon sens la brûler toute viue.

MIDED.

Ietter sa cendre au vent & quoy qu'il en arriue,
En éteignant le feu qui punit ce Demon
Eteindre s'il se peut sa memoire & son nom.

LE DVC.

Voila comme les vns iugent mieux que les autres:
Tels sont nos sentimens, persistez dans les vostres,

K

Le fort de la Iustice en cette ocasion

Importe vostre brigue & vostre passion.

A Cancho. Vous, braue & digne Anglois, faites d'vn soin fidelle

Entendre son Arrest à cette criminelle,

Et que bien promptement il soit executé.

CANCHON.

Il s'entre. I'accompliray vostre ordre auec fidelité.

SCENE III.

LE DVC. LE COMTE. LE BARON. LA COMTESSE. DALINDE.

LA COMTESSE en desordre.

Attendez, Cheualiers!

DALINDE.

Hé pensez où vous estes

Madame, & si vous plaist voyez ce que vous faites.

LA COMTESSE

Auant que de m'oüir ne vous separez point,

Ie vous viens suplier de m'açorder vn point
Par mes cris, par mes pleurs, par vos pieds que
    i'embrasse.

LE DVC.

Hé quoy?

LA COMTESSE

de la Pucelle acordez-moy la grace

LE DVC.

D'où vous est arriué ce changement soudain?
Mais elle est condamnée & vous priez en vain.

LA COMTESSE.

Qu'auez vous fait, méchans, vn crime abominable,
Elle est toute innocente, & moy toute coupable,
Ouurez, ouurez mon cœur vous y verres sa mort
Ecrite dans ma rage & dedans mon transport,
Ma damnable fureur en est seule complice,
Et le peuple a fremy contre cette malice,
Ses effroyables cris en l'air se sont perdus
Et vous mesmes, cruels, les auez entendus.

LE COMTE

Dalinde, hé depuis quand est-t'elle si troublée ?

DALINDE.

Réuant à la feneſtre, au bruit de l'aſſemblée
Elle a changé ſoudain, s'eſt miſe à deux genoux,
A dit d'étranges mots qui nous étonnoient tous,
Et ſuiuant le tranſport dont elle eſtoit émuë,
Elle s'eſt releuée, & puis eſt acouruë.

LE DVC.

Ces cris dont vous parlez le peuple les a faits
Pour montrer qu'il vouloit qu'on punit ſes forfaits.

LA COMTESSE.

Hé ne voyez-vous pas tout ce peuple en triſteſſe
Qui les larmes aux yeux m'enuironne, me preſſe,
Et me conjure encor de vous redemander
La grace qu'à mes pleurs vous deuez acorder?
Et parmy les Soldas oyez combien reſonnent
Les aclamations qu'à cette fille ils donnent.

LE DVC.

Comte, ce trait sans doute est de vostre façon
Pour effrayer le peuple

LE COMTE.

Iniurieux soupçon !
Il n'en est rien, Seigneur, mais cette frenaisie
Est la punition d'vne autre fantaisie
Qui la faisoient agir déraisonnablement
Et contre mon repos & presque incessament.

LA COMTESSE.

De combien de remors me sens-je tourmentée,
Depuis que ma fureur est à ce point montée !
Mais ce peuple reuient, il va fondre sur moy,
Hà changement hideux qui me transit d'effroy !
Ce ne sont plus qu'autant d'infernales furies
Qui me vont replonger dans mes forceneries,
Ie n'en puis échaper, ie les voy, ie les sens,
Et la rage à ce coup s'empare de mes sens,
O fille toute saincte, & pourtant outragée !
Si vous me pardonnez, i'en seray dégagée,
Laissez moins d'étenduë à vos ressentimens,
Lisez dans mon esprit, & contez les tourmens,

K iij

Voyez mille boureaux contre vne conscience
Qui cognoist sa malice & sçait vostre innocence.
Mais vous ne parlez point. Ha ie meurs de douleur

Elle pasme.

LE DVC.

Sa manie est étrange, & ce dernier mal-heur,
Sorciere dangereuse, est vn de tes ouurages.
Mais vne promte mort va calmer ces orages.

Il sort

SCENE IV.

LE COMTE.

Elle est comme assoupie, & l'on peut aisément
La faire transporter dans son appartement.

LE BARON.

Ie ne vous quitte point en ce fascheux rencontre.

LE COMTE

Non laissez moy tout seul.

Il s'en va.

LE BARON.

Ciel! ton pouuoir se montre,

Fay voir la verité d'vn mistere si grand,
Mais ne la vange pas en nous la décourant.

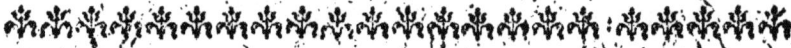

SCENE V.

DALINDE, emportant sa maistresse.

Ve l'on tombe aisément dans vne frenaise
Et par la conscience, & par la ialousie.

Elle s'en va

Le Theatre se referme.

Fin du quatriesme Acte.

ACTE V.
SCENE PREMIERE.

LA PVCELLE. CANCHON. MIDE.
LE PEVPLE.

Stances de la Pucelle allant au suplice.

Aimable tirannie ! heureuse cruauté !
Qui m'enuoyez du trouble où i'ay long tēps esté
Dans le calme eternel d'vne paix si profonde ;
Vostre Arrest m'est plus doux qu'il ne m'est rigoureux,
    Et sur luy mon repos se fonde
    Puis qu'en ce moment bien-heureux
Ie m'en vay de prison pour m'en aller du monde.

Encore que mon cœur n'ait point esté vaincu
Et que la patience où i'ay tousiours vescu
Ait quasi témoigné que i'aimois ma misere,
Ie puis bien ressentir auecque volupté
    La grace qui m'en va distraire,
    Et si i'aime la liberté
Le trépas qui me vient ne me sçauroit déplaire.

Suiuant l'ordre prescrit à mon illustre employ,
Ie deuois & vanger & couronner mon Roy,
Et rendre à son Estat sa splendeur ancienne,
I'ay vangé de mon Roy le mal-heur & l'affront,
 Sa gloire doit tout à la mienne,
 Sa couronne luy tient au front,
Il est temps que mon ame aille querir la sienne.

Desia le Ciel ouuert m'en monstre plus de cent
Qui toutes à la fois sur mon chef innocent
Afin de l'honorer sont prestes à descendre,
Mon zele ambitieux les veut toutes porter,
 Et s'il n'a pas droit d'y pretendre
 Il commence à les meriter
Par cette viue ardeur dont il tasche à les prendre.

I'oy desia petiller le brasier deuorant,
Mais en le regardant, d'vn œil indiferant
I'en voy la verité comme i'en vy l'image;
C'est ce qui me console, & par là ie cognoy
 Que mon bon Ange me soulage,
 Et ie sens à l'entour de moy
La force qui remplit ma force & mon courage.

Témoin de l'inocence & de l'iniquité
Qui rendras à chacun ce qu'il a merité
De la punition & de la recompence,
Prens mon ame en ta garde & la conduis au port

L

Apres sa derniere souffrance,
Et fay que mon iniuste mort
Soit le dernier mal-heur qui regarde la France.

CANCHON.

Ses inutilles vœux retardent son trépas,
Et le plaisir du peuple en retardant ses pas.
 Marche, marche au suplice, & d'vn profond silence
Prouue ta modestie auec ta patience.

LA PVCELLE.

Ie ne veux pas aprendre en mon dernier moment
De vostre tirannie à souffrir constamment ;
Mais, barbares, ie veux & c'est ma seule enuie
Faire aller ma parole aussi loin que ma vie,
Ie ne cesseray point de parler contre vous,
Oyez le testament que ie fay deuant tous.
 Ie donne au feu mon corps, ie rens au Ciel mon ame,
Dans vne pureté sans reproche & sans blâme,
Ie laisse à tous les miens qui partagent mon sang
L'exemple de moy-mesme & l'espoir d'vn haut rang,
Au peuple de la France & l'oliue & la palme,
Des lauriers tousiours vers ; vn repos tousiours calme ;
A vous mille cyprez l'vn sur l'autre entassez,
Vn repentir affreux de vos crimes passez,
Vn party contre vous de Ciel & de fortune,

Vne ruine entiere, vne terreur commune.

Elle fort &
tout le mõ-
de la fuit.

MIDE.

Sa hardieſſe eſt grande au trépas qu'elle attend,
Et quoy que ridicule elle eſtonne pourtant.

✦✦✦✦✦✦✦✦✦✦✦✦✦✦✦✦✦✦✦✦✦✦✦✦✦✦

SCENE II.

LE COMTE DE VARVIC, ſeul.

OV va ce peuple fou ? quelle rage l'anime
A courir de la ſorte au triomphe du crime ?
Qui s'imagineroit, qui pourroit conceuoir
L'inocence punie eſtre ſi belle à voir ?
Cette cour eſt deſerte en ſa vaſte eſtenduë,
Ce qui la rempliſſoit ſe dérobe à ma veuë,
Et ce peuple écoulé qui mene vn ſi grand bruit
Au ſpectacle attaché le deuance, ou le ſuit.
Quoy dans le deſeſpoir dont i'ay l'ame opreſſée
N'en fay-ie pas autant de ma triſte penſée ?
Les autres pour la voir en cette extremité
Suiuent vn mouuement de curioſité,
Ou de compaſſion, ou de rage, & de haine,
Et mon cœur ſuit les pas de l'amour qui l'y traine,
Il me quitte, il y court, & demeurant auprés

Acompagne à la mort ses innocens attrais,
Il souffre aussi bien qu'elle, & ie voy ce me semble
Qu'au funeste bucher on les attache ensemble.
Ha la douleur m'étouffe, & ie meurs de pitié!
Icy mon désespoir s'acroist de la moitié,
Helas en quel estat m'aparest cette belle!
Vn grand cercle de feu petille à l'entour d'elle,
Sa belle ame s'enuole & se va perdre en l'air
Auec ce mesme feu qui la fait enuoler.
Amant desesperé, mal-heureux à toy mesme,
Tu l'as abandonnée en son besoin extreme,
L'insolence à tes yeux a commis ce forfait
Et l'ayant enduré ta lâcheté l'a fait.
　Mais quoy pour empescher nostre commun suplice
N'ay-ie pas employé la force & l'artifice?
Pour elle ie n'ay pû fléchir sa cruauté,
Ie n'ay pû la sauuer qu'auec sa volonté
Et sa haute pudeur si fort enracinée
Contre son propre bien s'est tousiours obstinée.
　Toutefois son salut se pouuoit esperer
Si ie l'eusse entrepris sans me considerer,
Et sans mesler vn peu lors que ie l'ay seruie,
L'interest de ma flame au dessein de sa vie,
Pouuois-ie à sa vertu faire mettre armes bas,
Et puis que ie l'aimois la cognoissois-ie pas?
Helas elle viuroit, & quand bien l'esperance
Auroit esté rauie à ma perseuerance,
Ne la possedant pas il resteroit ce point

Que i'aurois le bon-heur de ne la perdre point.
Doux sentimens du cœur, dont la voix infidelle
M'a dit secrettement que i'aimois cette belle
Du veritable amour qu'ont les vrais seruiteurs,
Vous en auez menty comme des imposteurs:
Ie trouue en débrouillant vostre artifice extreme
Que i'auois seullement de l'amour pour moy mesme.
Et recherchant mon bien qu'elle tenoit en soy
Ie n'ay rien fait pour elle & i'ay tout faict pour moy:
Encore si pour moy ma flame eut esté vraye,
Ie me fusse epargné cette cruelle playe,
Qui saignera tousiours dans le fond de mon cœur,
Ouy i'aurois eu pitié de ma propre langueur,
Et sauuant sa beauté contre la force ouuerte
Ie me serois sauué du regret de sa perte.
    C'est donc moy qui la tue & le Ciel a permis
Que ie sois le plus grand de tous ses ennemis,
Pas vn de la sauuer ne se vit plus capable,
Et pas vn de sa mort ne se voit plus coupable.
Ha! reuien, mon amour, non plus comme deuant
Auecque le flambeau d'vn espoir deceuant,
Mais armé de serpens, de terreurs, & de rages
Qui de mon desespoir signalent les ouurages,
Dans mon sein criminel verse vn poison maudit,
Et deuiens mon boureau comme elle m'a predit.

****

SCENE III.

LE COMTE, LA COMTESSE, DALINDE.

LE COMTE.

VOicy de ma douleur l'autre cauſe viuante,
L'vne par ſon trépas m'afflige & me tourmente,
L'autre par ſa folie excite ma pitié,
Et ie ſens que mon cœur ſe partage à moitié,
Dés l'inſtant que ie ſonge à celle que l'on m'oſte
Ie penſe à mon amour, où pluſtoſt à ma faute,
Et pour celle que i'ay, mon œil ne la peut voir
Qu'auſſi-toſt ſon mal-heur n'acuſe mon deuoir.

DALINDE.

Pourquoy contre vous meſme vſer de violence
En voulant échaper à noſtre vigilance?

LA COMTESSE.

En fin vous m'offencez dans ces ocaſions
Ie prens tous vos deuoirs pour des rébellions.
Apres ce grand trauail qui n'eſt pas ordinaire
Ie trouue que le frais m'eſt vn peu neceſſaire.

Et puis il est bien iuste à ne vous point mentir
Que pour verser des pleurs, & pour me repentir
D'vne méchanceté qui va iusqu'à l'extrème,
Ce soit au mesme endroit, & dans la place mesme
Où i'ay faict assembler ce damnable Conseil.

LE COMTE.

Dalinde, en quel estat l'a mise son réueil?

DALINDE.

Son esprit est rassis, son action posée,
Mais pourtant sa fureur n'est pas toute apaisée.

LA COMTESSE.

Peut-estre cognoissant qu'elle n'a point de tort
Ils n'auront pas signé sa Sentence de mort,
Qu'en iugez-vous, Dalinde? il est plustost à croire
Que pensant m'obliger ils en auront faict gloire.

DALINDE.

Madame, ie ne sçay.

LA COMTESSE.

comment vous ne sçauez?

Bien, bien, ie vous pairay comme vous me seruez,
Ie vous ay commandé de leur dire sus l'heure
Qu'il faut bien empescher que la Pucelle meure,
Iusqu'à tant que Bethfort, tous leurs auis receus,
Renuoye encore vn coup ses ordres là dessus.

LE COMTE.

La voila qui s'échape.

LA COMTESSE.

             Ils ignorent peut-estre
Le billet important que m'écrit nostre Maistre
Qui ne deffend rien tant que de l'executer,
Allez tout de ce pas vous mesme le porter,
Et les auertissez que s'ils font resistance
Mille François armez, viendront à sa deffence,
Ils ne sont pas si loin que pour les bien punir
Ie ne trouue moyen de les faire venir.

DALINDE.

Que le trouble est puissant où son esprit succombe !
A la bien obseruer, i'ay peur qu'elle retombe.
Mais i'entens vn grand bruit,

LE COMTE.

Quel defordre nouueau,
Et d'où vient ce tumulte aux portes du Chafteau
C'eſt poſſible vn effet de l'humeur populaire,
Qui voit noſtre iniuſtice & qui ne s'en peut taire,
Ou qui pour l'empeſcher fait tout ce qu'elle peut.

SCENE IV.

LE DVC. LE COMTE. LA COMTESSE. DALINDE. CANCHON. DESTIVET entre deux gardes.

LE DVC.

ENtrez, & dites-moy quel trouble vous émeut.

CANCHON.

Trainez-le ce méchant, ce perfide, ce traiſtre.

LA COMTESSE.

La Pucelle reuient ; nos plaiſirs vont renaiſtre.

M

CANCHON.

Seigneur, bien à propos ie vous ay rencontré,
Et certes si plus tard vous vous fussiez montré,
De ce peuple agité la rumeur insolente
Eût à son châtiment dérobé la méchante.
Mais puis que c'en est fait, vous plaist-il d'écouter
L'accident suruenu que ie vous vay conter ?
Au point que la Iustice allumoit vne flame
Qui deuoit consommer cette sorciere infame,
Ce lâsche a desiré d'estre pres du bucher
Mais le peuple serré l'empeschant d'aprocher,
Les yeux baignez de pleurs, d'vne voix gemissante
Il s'est mis à crier qu'elle estoit innocente
Et qu'il la suplioit de croire son transport,
Veritable témoin du regret de sa mort :
Ces mots entrecoupez de sanglos & de plaintes,
Sur les espris du peuple ont fait quelques atteintes,
Qui les portoient déja par cette impression
Au delà du murmure & de l'émotion.
Si ie n'eusse enuoyé des gardes pour le prendre
Et comme criminel entre vos mains le rendre.

Montrant
Destinet.

LE DVC.

He comment, mal-heureux, auoir si bien serui,
Et iusques à la fin n'auoir pas poursuiui ?

Hé quoy vous estiez Iuge, & vous estes complice.

DESTIVET.

Deuss'ay-je estre puny d'vn rigoureux suplice,
Il faut que ie l'exalte, & l'inocence au moins
Merite bien d'auoir ses Iuges pour témoins,
Mais ie crain que l'aueu d'vne chose si claire
Pour n'estre infructueux n'ait dû plustost se faire.

LE COMTE — à part soy.

O d'vn esprit touché digne ressentiment!
Si le Iuge en est là que peut dire l'amant?

LA COMTESSE.

Dalinde, il est besoin que i'aille tout à l'heure
Pour luy crier mercy parauant qu'elle meure.

DALINDE.

Où courrez-vous, Madame, écoutez si vous plaist
Que le Baron vous die, en quel estat elle est

❊❊❊❊❊❊❊❊❊❊❊❊❊❊❊

SCENE V.

LA COMTESSE, LE BARON, LE DVC, LE COMTE DESTIVET, &c.
LE BARON DE TALBOT.

PVis-ie croire à mes yeux & croire à mes oreilles ?

LA COMTESSE.

Hé bien qu'auez-vous veu ?

LE BARON.

              Madame, des merueilles,
La mort de la Pucelle est vn viuant tableau
De ça que les vertus ont de grand & de beau,
    Sa gloire à si haut point ne s'estoit iamais voüé,
Elle marche à la mort sans parestre esmeuë,
Sa constance & sa peine agissans par moitié
Iettent dans tous les cœurs, la force & la pitié,
Et voyant sa fierté dans le mal qui la presse
Ie m'enfle de courage, & pleure de tendresse.

Pensez-vous que de crainte elle ait tourné les yeux?
Elle voit son bucher, ou regarde les Cieux,
Ny son front ne pâlit, ny son teint ne s'efface,
Vn dédain genereux en augmente la grace.

Comme on l'alloit bruler vn chacun s'est troublé,
Tout le monde a frémi, tout le monde a tremblé,
Seule elle a tenu bon dans les forces extrèmes,
Bref, à bien obseruer comme ils pleuroient eux-
   mefmes
Et de quelle façon elle se commandoit,
On eut dit qu'ils souffroient & qu'elle regardoit.
   A la fin le feu prend, tout le bucher s'alume,
Et ce corps si parfaict se perd & se consume.
Mais, ô prodige estrange! au milieu du brasier
On a trouué son cœur encore tout entier,
Le peuple a faict vn cry, mefme en nôtre presence,
Contre vôtre iniustice, & pour son innocence,
Et beaucoup dans la presse ont dit en murmurant
Que cela marquoit bien quelque chose de grand.

LE DVC.

Les Demons n'ont quitté qu'auec beaucoup de peine
Ce cœur où leur malice éclatoit comme Reine.

LE COMTE.

Mais dites bien plustost que ce cœur glorieux

Qui de tous ses malheurs parut victorieux,
Pour mettre dans son iour vne extreme iniustice
A suruescu luy-mesme à son propre suplice,
Et le Ciel est iniuste, & pour elle & pour nous
Si ce crime effroyable échape à son couroux.

DESTIVET

Dans le vray sentiment ce coup me fortifie,
Nous l'auons condamnée, & Dieu la iustifie.
Méchans, à tout le moins que n'auez-vous souffert
Qu'a ses beaux yeux mourans mon cœur se soit ouuert,
Vous n'empescherez pas mon ame languissante
De publier par tout qu'elle est morte inocente.

LE DVC.

Qu'on chasse, pour n'acroistre vn desordre commun,
Ce perfide ennuyeux, & ce lache importun,
Qu'il sorte de la Ville, & sans ayde & sans suite,
Et que son desespoir luy serue de conduite.

DESTIVET——— & s'en allant.

Etonne-toy, barbare, & demeure interdit
Puis qu'il m'est arriué ce qu'elle m'a predit.

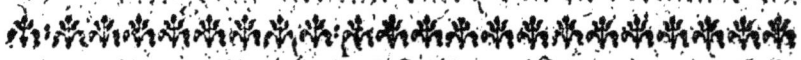

✳✳✳✳✳✳✳✳✳✳✳✳✳✳✳✳✳✳✳✳✳✳

SCENE VI.

VN SOLDAT

IVste Ciel, qu'ay-je veu ! mon cœur est tout de glace.

LE DVC

Qu'est-ce ? parle,

SOLDAT

Seigneur, au milieu de la place
Mide s'est veu frapé d'vn mal promt & vilain,
Son visage & son corps ont blanchy tout soudain
Tout le monde étonné fuit son abord funeste,
Comme si cét abord communiquoit la peste,
Et la secrette horreur qu'il porte dessus soy
Fait que chacun des siens le quitte auec effroy.

LA COMTESSE.

O vengeance du Ciel si promte & si visible,
Ie voudrois t'échaper, mais il m'est impossible,

Et comment de ma peine adoucir la rigueur
Puis qu'elle à pris racine au profond de mon cœur?
Ma propre conscience à soy-mesme est cruelle,
Par cent monstres secrets qu'elle produit contre elle,
Ie voy mon sein batu de plus de mille coups,
Que ie voy de serpens.

DALINDE.

hé reuenez à vous?

LA COMTESSE.

Qu'elle horreur m'enuironne? hà ie me sens con-
traînte
Elles'en va. De courir à la mort pour vanger cette sainte.

LE COMTE.

Dalinde, menez-la dans son apartement,
Et ne la quittez point, i'y suis dans vn moment.

SCENE

SCENE VII.

CANCHON ... mourant subitement.

HA ! ie suis traversé par vn trait inuisible,
Et qui donne à mon cœur vne atteinte sensible,
Ie ne puis resister à ce dernier effort,
Et ie meurs.

LE DVC.

O prodige ! en effet il est mort :

LE COMTE.

Iustes, & promts effects d'vne iuste menace !
Enfin craignez pour vous, craignez pour vostre race.

LE DVC.

Comté, ie me repens, & ie commence à voir
Que nous auons failly contre nostre deuoir ;
I'acrois par cet obiect la peur qui me trauaille,
Et pour ne le voir plus il faut que ie m'en aille.

N

❀❀❀❀❀❀❀❀❀❀❀❀❀❀❀❀❀❀❀❀❀

SCENE VIII

LE BARON.

Grand Dieu, satisfaits toy par la seule terreur,
Et tiès le sceptre Anglois bien loin de ta fureur.

LE COMTE.

Puisse le Ciel content des tourmens de mon ame
Eteindre pour iamais le couroux qui l'enflame.

FIN

www.ingramcontent.com/pod-product-compliance
Lightning Source LLC
Chambersburg PA
CBHW070130100426
42744CB00009B/1780